책쾌 송신용

002
틈 새
한국사

책쾌
송신용

평생을 책과 함께한
마지막 서적 중개상

이민희 지음

역사의아침

조선시대 선비들에게 물어보라. 전공이 뭐냐고. 열에 아홉은 아마 '독서'라고 답할 것이다. 조선은 독서를 통해 덕행과 학식을 쌓고, 기회가 닿으면 정계로 나아가 활동하는 것이 일반적인 사회였다. 박지원朴趾源은 『양반전』에서 사대부士大夫를 가리켜 "독서를 하면 사士요, 정치에 종사하면 대부大夫이다"라고 분명히 구분해 말하기도 했다. 그만큼 독서는 선비의 의무이자 특권이었다.

조선 사회에서는 언제부터인가 문文을 존숭하는 일이 인간 그 존재 자체보다 앞섰고, 제도와 신분보다 더 견고한 철옹성으로 군림하게 되었다. 아니 난공불락의 종교가 되었다. 그래서 입에 풀칠하기 어려운 양반일지라도 책 읽는 일만큼은 게을리하지 않았다. 독서야말로 자신의 존재의의를 가장 고상하게 대변하고, 정체성을 확인할 수 있는 최후의 보루였기 때문이다. 그러고 보면 조선 사회의 존립 기반이 독서에 있었다 해도 과언이 아닐 것이다.

그러나 독서 강대국 조선의 실상을 들여다보면 그 알량한 자부심도 빛 좋은 개살구였음을 알 수 있다. 조선은 동맥경화에 뇌경색으로 호흡하기조차 곤란한 중병을 앓고 있었던 것이다. 이게 무슨 말인가 하면 책이 돌지 못했다는 뜻이다. 아니 돌긴 했지만 그 모습은 마치 의사의 체계적 진찰과 처방 없이 민간요법에 의지해 목숨을 연명한 꼴이었다고 할 수 있다. 서적 유통에 관한 한, 분명 조선 사회는 병들어 있었다. 하지만 이러한 증상을 치유할 수 있는 대표적 방법으로 비공식적이며 자율적 민간요법이라 할 '서적 중개상', 곧 '책쾌冊儈'가 있어 그 숨통이나마 터주었던 것이다. '책쾌'란 우리나라에서 고유하게 부르던 서적 중개상을 말한다. 이들은 소비자(독자)와 개인적으로 대면해 흥정을 거쳐 책을 매매하던 책 거간꾼이다.

서적 중개상이 의도하지 않았다 할지라도 이들은 병든 조선 사회에서 지식의 불균형을 조정하고 사회적 통합을 좌우하는 기능까지 감당했다. 분리되고 막힌 것을 뚫어주는 기능은 사람을 살리고 사회를 살아 숨 쉬게 만드는 원천이다. 이렇듯 근대 이전 시기의 서적 중개상들은 한국뿐 아니라 다른 나라에서도 지식을 공유하고 확산하는 데 지대한 영향을 미쳤다.

서적 중개상은 우리 고유의 문화유산인 동시에 동서고금을 넘나들며 그 사회의 문화와 생활의식을 엿볼 수 있는 매개 역할을 담당했으므로 그 자체로도 무척 소중하다. 이 책에서 한 명의 서적 중개상을 소개하려는 이유도 바로 그 때문이다. 책쾌에 의한 서적 유통 현장은 근대 이전 지식문화의 지형도를 개인적 · 사회적 · 문화적 맥락에서 가로질러 이해할 수 있는 좋은 수단인 것이다.

마지막 서적 중개상이라 불러도 좋을 인물, 그의 이름은 바로 송신용이다. 그를 만나기 위해서는 구한말부터 일제 강점기, 해방과 분단 그리고 한국전쟁과 그것들로 인한 사회적 지식문화의 혼란기를 두루 살펴보아야 한다. 이런 점에서 책쾌 송신용은 시대를 보는 창이며, 문화를 읽는 코드다. 아니 책의 어문생활사를 느끼게 하는 촉수이며, 20세기 전반기 지식 전파와 수용을 감지할 수 있는 성능 좋은 안테나와도 같다.

출판인이 좋은 작가와 작품을 발굴해 많은 독자에게 감동을 주듯 서적 중개상은 훌륭한 고객들을 사귀고 그들에게 좋은 책을 공급함으로써 그들의 지적 욕구를 충족시켜주곤 했다. 그러나 그들은 여기서 그치지 않고, 사명감을 갖고 고서에 대한 애정과 식견을 후학과 후손에게 물려주는 데도 헌신했다. 때로는 문화유산으로, 때로는 학문적 성과물로 환원하기에 충분한 것들이다. 이 글은 책이야말로 이 사회의 자그마한 등불이라는 사실을 굳게 믿고, 개인적 신념과 이상으로 서적 유통에 헌신한 작은 영웅 송신용에 관한 이야기이다. 송신용의 삶을 통해 우리의 문화적 역량이 지금은 어디쯤 와 있는지 저울질해볼 수도 있을 것이다.

엮고 나니 부족한 자료를 더듬어가며 재구성해낸 기억의 순간이 실제 인물 송신용의 행적을 그리기에는 터무니없이 부족하다는 자괴감을 느끼지 않을 수 없다. 그럼에도 불구하고 이 글을 세상에 내놓는 것은 책의 가치가 판매량에만 달려 있다고 믿는 작금의 세태에 책과 함께 살고, 책을 위해 헌신한 송신용의 일생이 진정한 독서에 대해 시사하는 바가 적지 않다고 믿기 때문이다. 책의 존재는 독자의 삶과 밀접한 관련이 있다는 것, 한 권의 책이 사람과 세상을 바꿀 수 있다는 그 믿음 하나만은 지금도, 미래에도 여전히 유효할 것이다.

2011년 4월
이민희

책은 미묘한 물건이며 경우에 따라서는 보석과도 같다. 책을 읽지 않고 창고나 상자에 넣어놓기만 한다면 이는 보석을 장롱에 감춰두고 그 아름다움을 느끼지 못하는 것과 같다. 또한 책이 한 곳에 있다면 그것은 소유자만 이롭게 하려는 것일 뿐, 타인을 이롭게 하려는 것은 아닐 터이다. 그러나 책은 요물인지라 일단 책을 가진 자는 타인에게 빌려주고 싶어 하지 않고, 또 빌린 자는 되돌려주고 싶어 하지 않는다.

그런데 세상에는 이런 책의 속성을 그 누구보다도 잘 알면서도 정작 책의 매력에 집착하지 않는 이들도 있다. 이들은 자신에게 유익할 뿐 아니라 타인에게도 유익하게 할 요량으로 책의 매력을 십분 활용했으니, 이름 하여 서적 중개상이다.

서적 중개상. 이들은 고정된 가게를 차리지 않고 고객을 찾아다니며 책을 팔던 일종의 서적 외판원을 말한다. 책이 유용한 물건이 된 이후, 책의 수요와 공급은 자연스럽게 사회의 지적 네트워크를 형성하는 데 기여했고, 그 결과 지식과 권력의 제도화·개인화에 이바지했다. 하지만 서점의 존재가 상대적으로 미미했던 조선에서는 책을 전문으로 취급하는 주체, 곧 서적 중개상 같은 서적 행상인들이 지식 공급의 최전선에서 자신만의 영역을 구축해나갔다. 이들의 자취가 처음 보이기 시작한 것은 15세기 무렵이었다. 김흔金訢(1448~?)이 쓴 한시 「우연히 읊조리며[偶吟]」에서 행상인의 흔적을 찾아볼 수 있다.

> 틈 사이로 저녁햇살 비스듬히 비쳐 떠도는 먼지를 희롱하는데
> 정히 앉아 향을 태우며 이 몸을 돌아보네
> 하루 종일 닫힌 문 왕래하는 이도 없건만
> 때때로 책장수가 찾아오네
>
> [隙曛斜透弄游塵 靜坐焚香閱此身 盡日掩門來往絕 時時還有賣書人][1]

김흔의 『안락당집顏樂堂集』(1516)에 실려 있는 이 시의 마지막 행에서 보이는 '때때로 찾아오던 책장수[賣書人]'가 바로 서적 행상인이다. 인적도 없고, 해가 뉘엿뉘엿 넘어가는 저녁시간에 한적하고 고요한 분위기를 깨뜨리며 책장수가 찾아든 것이다.

---

1) 김흔, 「시詩」, 『안락당집』 권1.

책을 팔기 위해서인데, 남의 시선이 신경 쓰이는지, 고객의 요구 때문인지 몰라도 조용한 시간대에 은밀히 만나고자 하는 분위기를 느낄 수 있다.

장소를 구애받지 않고 이곳저곳 다니며 책을 거래하던 서적 중개상의 모습은 김안국의 문집 『모재집慕齋集』(1574)에서도 포착된다. 그 중개상은 양존인楊存仁이란 인물인데, 일전에도 김안국에게 책을 판 적이 있던 것 같다. 그러나 책값을 미처 다 받지 못해 다시 찾아왔으며, 이번에는 책값을 받고자 하는 목적을 다행히 이루었다.

> 양존인이란 자가 전에 책을 팔러 다녔다. 그가 다시 와서 책값을 받아갔다.[2]

일단 원하는 책을 손에 넣고, 나중에 값을 치르고 싶어 하는 건 동서고금을 막론하고 지극히 자연스러운 일인지도 모른다. 서적 중개상도 이런 부분에서 '쿨'하기는 마찬가지였다. 그 자리에서 곧바로 결제하지 않더라도 추후에 다시 와서 받으면 되기 때문이다. 서적 중개상에게는 신용과 신뢰가 가장 큰 가격이

---

[2] 김안국, "楊存仁者, 前行賣書, 其同來者, 受價而去", 『모재집』 권2.

었다. 이른바 외상에 의한 물물 거래는 그다지 낯선 풍경이 아니다. 책을 상품으로 여기고 상품 가치가 있는 책을 구입하려는 소비자와 이를 공급하려는 생산자들이 생겨나고, 이들 사이에서 중개자 노릇을 하는 서적 중개상이 출현했던 것이다.

그렇다고 하더라도 책을 매매한다는 것 자체를 불경스럽고 무식한 자들의 소행이라고 여기던 이들의 의식은 쉽게 바뀌지 않았다. 더욱이 책을 읽고 문을 숭상하며 책 매매 자체를 불경스럽게 생각하는 자들이었지만, 그들은 남의 눈에 띄지 않도록 은밀하게 개인적으로 또는 서적 중개상을 통해 책을 거래하는 경우가 많았다. 서적 중개상들에게는 유통의 이면에서 숨고르기를 하며 그 생리와 사회 분위기를 감지하는 것이 오히려 오랫동안 자기 정체성을 찾고 누대에 걸쳐 이 일을 지속하는 방편이 될 수 있었다.

16세기 후반, 장서가이자 교서관 출신인 유희춘柳希春(1513~77)은 사적私的으로 서적 중개상 송희정과 박의석을 여러 차례 만나 책을 마음껏 구했다. 서점이 없던 상황에서 책을 구하거나 처분하고자 하는 이들에게 서적 중개상의 역할과 기능은 독서계의 안내자이자 샘물과도 같았을 것이다.

조선시대에는 이러한 서적 중개상을 종종 '책쾌'라 불렀다. '쾌儈'란 원래 '괴'라는 음을 지닌 글자로, 중간에서 흥정하는

장사꾼을 의미한다. 책쾌 외에도 서쾌書儈, 책거간冊居間, 책장
수라는 말을 임의로 사용했다.

그러나 근대로 접어들면서 우후죽순처럼 세워진 민간서점 등
의 영향으로 과거와 같은 서적 중개상의 자취를 찾는 것은 어려
워졌다. 소수의 특정 고객을 직접 찾아다니며 흥정하고 매매하
던 그들의 유통 방식과 거래 규모와는 달리, 서점은 서적의 대
량 보급과 다수의 고객을 향한 유통 메커니즘을 정착시켰다. 이
후 사람들은 서적 중개상보다는 좀더 편리하고 저렴하게 서적
을 구할 수 있는 서점을 찾게 되었다. 결국 서점과의 경쟁에서
이길 수 없었던 서적 중개상은 짧지 않은 그들의 역사를 뒤로
하고 지는 해처럼 쓸쓸히 사라졌다.

하지만 그렇게 역사의 뒤안길로 사라진 서적 중개상들 중 다
시 숨 쉴 수 있게 만들고 싶은 이가 있다. 마지막 서적 중개상이
라 할 필관必觀 송신용宋申用(1884~1962)이 바로 그 주인공이다.

1장

소년,
책쾌가
되다

기우는 조선, 곡절 많은 인생의 시작

1884년 서울에서는 조선의 정국을 한바탕 요동치게 만든 갑신정변甲申政變이 일어났다. 불과 2년 전인 1882년에 발생한 임오군란壬午軍亂으로 인해 어수선해진 사회 분위기가 아직 진정되지 않았는데, 이번에는 개화파와 수구파의 힘겨루기가 벌어진 것이다. 갑신정변은 밀려드는 서양의 근대적 문물을 적극적으로 받아들여 변화를 택한 이들과 고유의 전통을 지키려는 이들 사이에서 벌어진 개화기의 불가피한 진통이었다. 여기에는 자기 정체성도, 소신도 뚜렷하지 않으면서 어느 방향으로 물꼬를 터야 할지 몰라 이른바 실험적 담론을 쏟아내던 혼란함도 함께 작동하고 있었다.

이렇게 정국이 요동치던 그해 9월 11일. 송신용은 현재의 을지로4가 역과 청계천 사이에 있는 방산종합시장 서편에 위치한 주교동 63번지에서 부친 송헌교宋憲敎와 모친 청풍 김씨淸風金氏의 셋째 아들로 태어났다. 은진 송씨恩津宋氏 승지공파承旨公派의 22대손이었다.

송신용에게는 위로 여섯 살 많은 큰형 송인용宋寅用과 네 살 차이 나는 둘째형 송진용宋辰用이 있었다. 삼형제 중 막내이다 보니 송신용은 자연스럽게 어리광을 부리며 부모와 형들의 사랑을 한 몸에 받으며 자랐다. 그러나 그가 여덟 살이 되던 해(1892)에 갑작스레 모친이 세상을 떠나면서 그의 곡절 많은 삶이 시작되었다. 어머니 손을 잡고 재롱을 부릴 나이에 모친을 떠나보낸 송신용의 마음에는 어머니에 대한 그리움이 그렁그렁했다. 부친과 형들이 신용을 돌봐주었지만, 아무래도 어머니를 대신할 수는 없었다. 더욱이 둘째형 송진용은 작은아버지인 송헌필宋憲弼(1850~68)의 후사를 잇기 위해 그 집의 양자養子로 들어간 상태여서 그리움은 더했을 터이다.

송신용은 큰형 송인용이 결혼을 하자, 형수인 함평 이씨 집에 얹혀살았다. 사돈어른은 참봉參奉 이민응李敏應으로 가산이 넉넉하다 할 순 없었지만, 송신용을 데리고 지낼 정도의 여유는 있었다. 엄한 가풍과 유학 교육이 철저한 사돈어른의 영향으로 송신용은 그곳에서 경서를 익히며 한학에 대한 소양을 쌓을 수 있었다.

20세기가 되자 서울은 그 변화 속도가 이전과는 비교할 수 없을 정도로 빨라졌다. 신문물이 계속 들어오고, 사람들의 생활과 의식이 날로 바뀌었다. 어떤 것이 옳고 그른지, 정상과 비정상이 무엇인지 분간하기조차 힘든 시절이었다. 새로운 삶을 추구하는 사람들이 있었는가 하면 여전히 전통을 고수하며 예전과 별 차이 없이 사는 이들도 적지 않았다. 송신용에게도 '전통을 지킬 것인가 아니면 변화의 물결에 몸을 맡길 것인가'는 대단히 중요했다. 젊은 피가 꿈틀대던 송신용에게 서울이란 도시는 자신의 생활 터전 그 자체이자 끊임없이 변화를 강요하는 괴물 같은 곳이었다. 그가 한평생 서울을 무대로 서적 중개상으로 활동하고, 고서 연구에 몰두하게 된 데에는 개화기의 서울이 뿜던 독특한 에너지와 분위기를 무시할 수 없다.

그런데 이런 고민에 대한 해답을 찾아야 하는 시간이 생각보다 빨리 찾아왔다. 송신용이 스무 살 때인 1904년 12월 16일, 부친 송헌교마저 세상을 떠나고 말았기 때문이다. 청년 송신용은 이제 스스로의 삶을 책임지고 세상을 살아야 했다. 그러나 별다른 기반도 없는 터였기에 자립은 생각만큼 쉽지 않았다. 결국 그는 가까이 살던 백부 송헌빈宋憲斌(1841~1923)의 후원을 받아 새로운 삶을 시작했다.

　이 과정에서 송신용은 전통의 고수보다는 변화와 혁신을 택했다. 자신에게 주어진 상황과 처지에 안주하지 않고, 미지의 세계를 배우고, 또 다른 삶을 개척하고 싶었다. 1906년 스물두 살의 나이로 휘문의숙徽文義塾에 입학함으로써 송신용의 삶은 이전과는 완전히 달라진다. 원동苑洞에 자리를 잡은 휘문의숙이 신학문 교육을 표방하며 학생을 모집하자, 근처에 살던 송신용이 제1회 입학생으로 들어갔던 것이다. 무엇보다 앞날을 스스로 개척하고 싶은 욕망이 가장 컸지만, 그 이면에는 풍전등화와 같은 조국의 운명에 대한 뼈아픈 자각도 자리하고 있었다. 결국 그는 배워야만 자신도 살고 나라도 산다는 일념으로 신학문에 도전한 것이다.

　당시 신학문을 배울 수 있는 기회가 누구에게나 있었던 것은 아니었다. 신학문을 공부할 이유조차 모르던 이들이 다수였으며, 설령 공부에 뜻을 두었다 하더라도, 원하는 대로 공부할 수 있는 이들은 소수에 불과했다. 부모 덕은 물론 여러 가지 운도 따라야만 가능한 일이었기 때문이다. 따라서 부모를 모두 잃은 송신용으로서는 신식 사립학교에 입학한다는 것은 꿈도 꾸기 어려웠다.

　그런 점을 고려할 때, 희문의숙에 입학한 송신용은 어쩌면 굉

장한 행운이라 할 수 있다. 하지만 앞날을 스스로 개척하고자 하는 도전 의지와 지식을 구하고자 하는 열망이 송신용에게 없었다면 그와 같은 행운 역시 없었을 것이다.

휘문의숙 입학 당시 큰아버지 송헌빈은 그의 옆에서 든든한 정신적·물질적 후원자가 되었다. 아직 남아 있는 송신용의 휘문의숙 학적부를 보면 가장을 적는 란에는 친부 송헌교가 아닌 백부 송헌빈의 이름이 있음을 확인할 수 있다. 송신용의 부모 역할을 송헌빈이 대신한 것이다.

송신용의 큰아버지 송헌빈은 개항 이후 신문물과 신지식을 적극 받아들이고 경제 관료로서 나라의 경제 기초를 다지는 데 크게 기여한 정치인이다. 송헌빈의 자字는 문재文哉, 호는 동산東山으로, 1881년에 일본시찰단인 신사유람단이 일본에 갔을 때 조사朝士 이원회李元會의 수행원으로 참여했고, 귀국 후 신사유람단의 전 여정과 시찰 내용을 일기 식으로 기록한 『동경일기東京日記』를 저술하기도 했다. 일본을 다녀온 직후만 해도 그는 창방廠房 수리를 책임지던 말단 관리에 불과했는데, 1882년에 정9품 벼슬인 말단 무관직 부사용副司勇을 시작으로 1883년에는 기무국機務局과 전원국典圜局 위원을 역임하고 1888년에는 경기도 안성의 양성陽城현감이 되었다. 1895년에는 정3품 벼슬인 농상공부 상공국장을 지내기까지 했다. 그의 경력에 특기할

송신용 학적부 | 학적부의 '가장'을 적는 란에 송신용의 든든한 후원자였던 백부 송헌빈의 이름이 보인다.

만한 사항도 눈에 띈다. 1895년 5월부터 8월까지 등대 부표 위치 검정차 일본인 기사인 이시바시[石橋絢彦]와 함께 일본의 메이지마루[明治丸] 선에 탑승해 인천·평양·충청·전라·경상·강원·함경 등 각도 연해 도서를 측량했고, 1896년에는 통신국에 들여올 우표인쇄기계 매입을 위해 도쿄에 다녀왔는가 하면 독립협회 위원으로 활동하기도 했다.

송헌빈은 이후에도 관료로서 승승장구했다. 1899년에는 농상공부 광산국장을, 1900년에는 중추원 의관을, 1906년에는 농상공부 공무국장을 역임했으며, 1910년 일제에게 강점당하기 전까지 전라북도 태인군수로 재직했다. 이처럼 정치·경제 분야에서 요직을 두루 거친 그는 조선이 일본의 식민지가 된 후에 조선총독부 산하 중추원 부찬의에 임명되었다. 1912년에는 일본 정부로부터 한국병합기념장을 받기도 했다. 그러다가 1921년 조선총독부 중추원 관제 개정 때 폐직廢職되고 말았다. 당시 그는 이미 여든 살이 넘은 고령인지라 더는 관직에 머무르는 것이 어려웠기 때문으로 보인다.

그런데 여기서 한 가지 생각해볼 것이 있다. 정황상 일제 강점 이후 조선총독부 중추원 부찬의가 되고 일본 정부에서 주는 기념장을 받았다면 이는 명백히 친일자로 분류될 만하다. 하지만 기록이 진실을 전부 보증하지 못할 때도 있다. 송헌빈은

1910년 8월 8일 대한제국 중추원 부찬의에 임명되었으나 얼마 지나지 않은 10월에 나라를 잃게 된다. 하지만 한일병합 후에도 부찬의 직이 그대로 조선총독부 중추원으로 승계된 까닭에 송헌빈은 조선총독부 중추원 부찬의 직함을 1921년 폐직할 때까지 갖게 된다.

그러나 정작 1910년 이후에 조선총독부 제1기 중추원 부찬의가 어떤 일을 했는지 아는 사람은 거의 없다. 그 이유는 간단하다. 이 시기 중추원 임원들은 아무런 일도 하지 않았기 때문이다. 특히 1910년부터 1924년까지의 이른바 중추원 제1기 임원들은 이 기간 동안 단 한 차례도 모임을 가진 적이 없다. 이것은 그들의 직위가 지극히 형식적으로 부여된 임명직이었음을 뜻한다. 일본은 대한제국 시대에도 있었던 중추원 체제를 그대로 가져와 조선총독부 중추원으로 개편한 뒤, 이를 총독의 자문기관으로 활용하기 위해 기존 관리자들을 그대로 임명했다. 실제로 중추원의 기능이 강화된 것은 1924년에 중추원 관제를 다시 개정하면서부터였다. 송헌빈은 1921년까지 조선총독부 중추원 부찬의로 있다가 나이 들어 그만두었으니, 그가 부찬의로서 실질적으로 일본을 위해 활동한 일은 전혀 없었다는 이야기가 된다.

당시 중추원 임원들의 역할과 기능을 규정한 「조선총독부 중추원관제朝鮮總督府中樞院官制」(칙령 제355호)에 따르면, 이 시기 부찬의는 일체의 수당을 지급받지 못하는 직임이었다. 곧 일본 정부로부터 그 어떤 종류의 녹도 받지 않았음을 의미한다. 일제 강점 당시 대한제국 중추원 대표는 김윤식金允植(1835~1922)이 었는데, 그를 비롯한 임원 다수가 조선총독부 중추원의 임원으로 임명받는 것을 거절했다고 한다. 하지만 고종황제의 간곡한 부탁이 있어 마지못해 임원직을 승계했을 따름이다. 이 사실은 김윤식의 일기인 『음청사陰晴史』에서도 확인할 수 있다.

또한 1912년에 일본 정부가 송헌빈에게 수여한 한국병합기념장은 중추원에 재직했던 사람들뿐 아니라 전국의 11,800명에게 수여되었던 것으로 한일병합과 식민통치에 협력한 대가가 아니라 의례적인 요식 차원에서 이루어진 것에 불과하다. 따라서 적어도 당사자에게 직접적인 대답을 듣기 전까지 친일 여부를 논하는 것은 분명히 한계가 있다. 적어도 1924년 이전에 중추원 부찬의로 임명된 이들의 행적에 대해서는 더욱 신중한 접근과 판단이 필요한 것이다.

송신용이 휘문의숙에 입학하던 1906년은, 송헌빈이 광교 남천변에 자리 잡은 대한토목건축회사의 중역과 농상공부 공무국장을 지낸 뒤 승진하면서 태인군수로 부임할 때였다. 경제력이 있는 고급관료였으니 조카 송신용이 공부할 수 있도록 후원하는 것은 여러 면에서 어렵지 않았을 것이다. 물론 휘문의숙을 창립한 민영휘와 송헌빈은 평소 친분이 두터운 사이기도 했다. 그런 까닭에 송신용이 굳이 다른 학교가 아니라 집 근처에 세워진 휘문의숙에 입학했는지도 모른다.

부친이 세상을 떠난 후 송신용은 큰아버지 송헌빈을 더욱 의지하며 아버지처럼 따르고 봉양했다. 송신용이 휘문의숙에서 졸업한 해인 1910년에 송헌빈은 일흔 살의 노인이었는데, 송신용에게 송헌빈은 인생의 대선배이자 든든한 후원자였다.

휘문의숙에 재학할 당시, 송신용이 살던 집은 중부中部 묘동廟洞 14통 10호였다. 묘동은 종묘 근처에 있다고 하여 붙여진 동명洞名이다. 송신용은 30대 후반부터 40대 초반인 1920년대에 송헌빈의 고향인 경기도 양평군 옥천면에 가 백부의 임종을 지키며 잠시 거주했던 시기를 제외하면 한평생 서울에서만 생활했던 서울 토박이이자 붙박이였다. 그러다 보니 자연스럽게 서울의 풍습과 전통 그리고 생활문화를 그 누구보다 잘 알았고, 서울에 대한 관심 또한 강렬했다. 훗날 그가 『한경지략漢京識略』과 『한양가漢陽歌』 등의 문헌을 정성을 다해 필사하거나 주해하고, 이를 후손에게 물려주고자 했던 것도 서울에 관한 애정이 남달랐기 때문이다.

휘문의숙 1회 입학생

송신용은 광무光武 10년인 1906년 9월 1일에 스물두 살의 나이로 휘문의숙에 입학했다. 당시 학교에는 입학 연령의 제한이 없었기 때문에 첫 입학시험을 통해 중학과에 들어온 학생들 중에는 송신용처럼 스무 살을 훌쩍 넘긴 이들이 적지 않았다. 휘문의숙은 원래 1904년 종로구 볼재(현재의 서울시 종로구 원서동 206번지)에서 민영휘가 세운 '광성의숙廣成義塾'으로 출발했다. 2년 후인 1906년에 고종황제가 내려준 '휘문徽文'이란 교명으로 정식 개교해 1910년 3월 31일에 첫 졸업생을 배출한다. 송신용은 바로이 학교 제1회 입학생이자 제1회 졸업생 서른두 명 중 한 사람이다.

휘문의숙은 신식 학문을 가르치고 민족의식을 고취시키던 초창기 학교로 세간의 관심을 모았다. 유교 사상에 기초한 '득천하영재구국得天下英才救國'이란 이념을 내세워 자주독립과 부국강병을 위한 인재양성이 목적임을 대외적으로 공표했다. 이러한 건학이념과 학교설립 취지의 글을 작성하고 개숙식開塾式 때 발표한 이는 바로 휘문의숙 편집부원 겸 교사였던 위암韋菴 장지연張志淵이었다.

송신용과 휘문의숙에서 함께 공부했던 이들 중에는 소설 『상록수』의 저자인 심훈의 맏형 심우섭沈友燮이 있었고, 육당六堂

최남선崔南善(1890~1957)의 동생 최두선崔斗善은 송신용의 2년 후배였다. 훗날 가람嘉藍 이병기李秉岐(1891~1968)의 집에 자주 드나들며 안면을 익힌 권덕규權惪奎 역시 그의 3년 후배였다. 시간이 흐르면서 명문 사립학교답게 휘문의숙 졸업생 중에는 사회의 각 분야로 진출해 두각을 나타낸 이들이 많았다. 송신용이 후에 서적 중개상으로서 사회활동을 하고, 수많은 인사를 만날 때 이는 큰 장점으로 작용한다. 휘문의숙 동문이라는 유대감과 소속감이야말로 그가 서적 중개상으로 자리를 굳히는 데 여러 가지로 도움을 주었던 것이다.

휘문의숙을 졸업한 이들은 사회에 진출한 뒤에도 잦은 만남을 가졌는데, 그중 졸업생들의 모임으로는 1910년 4월, 제1회 졸업생들이 발기해 조직한 '휘문의숙 졸업생 동창회'가 처음이었다. 그다음 해인 1911년에는 재학생이 중심이 된 '문우회文友會'가 조직되었다. 그러다가 이 두 모임은 곧 졸업생과 재학생, 교직원이 모두 참여하는 '문우회'로 발전했다.

송신용은 휘문의숙을 매개로 자연스럽게 수많은 사람들을 만날 수 있었다. 당시 휘문의숙에서 교편을 잡았던 교사들 역시 훗날 사회 곳곳에서 민족의식을 고취시키고 나라를 위해 헌신한 명사名師들이었다. 이들과의 교유 역시 송신용의 사상과 사회활동에 적잖은 영향을 끼쳤다. 이와 관련해 송신용의 휘문의

휘문의숙 1회 졸업식 | 송신용은 1906년 스물두 살의 나이로 휘문의숙에 입학해 4년 뒤인 1910년에 졸업했다. 휘문의숙의 동문들을 포함한 여러 인연들은 이후 송신용이 책쾌로 살아가는 데 많은 도움이 되었다.

숙 후배인 월탄月灘 박종화朴鍾和(1901~81)는 학창 시절 휘문의
숙을 거쳐 간 스승들의 면면을 이렇게 기억했다.

휘문 삼일재三一齋에는 숙장 박중화 선생을 위시하여 존경할 만
한 훌륭한 스승님들이 많았다. 뒤에 중동中東학교를 창립하고
해방 후에는 초대 서울대학교 총장을 지냈던 백농白儂 최규동崔
奎東 선생은 대수代數로 유명했고, 도산 안창호 선생의 제자로
한동안 서우西友 잡지에 글을 많이 썼던 장응진張膺震 선생은
기하幾何로 이름을 떨쳤다. 대한문전大韓文典의 개척자인 주시
경周時經 선생이 계셨고, 뒤에 상해로 망명하여 임시정부에서
활동했던 남형우南亨祐·고원훈高元勳 두 분은 법률을 강의했
다. 김두봉金枓奉 씨는 한글을 지도했고, 숭양산인 장지연·육
당 최남선·벽초 홍명희 씨가 한때 다 교편을 잡았다. 역사에는
황의돈黃義敦, 음악에는 이상준李尚俊, 회화繪畫에는 춘곡春谷
고희동高羲東, 한문은 민광식閔廣植 선생이 지도했다. 물론 그
뒤에도 좋은 스승들이 많았지만, 내가 다닐 때만 해도 나라는 기
울어졌으나 신문화가 처음 어울리기 시작하던 때였다. 스승들은
모두 다 제각기 그 방면의 지성至誠과 열기를 뿜는 개척자요, 창
조자였다.[1]

스승들의 영향을 받아 송신용 역시 투철한 애족의식이 몸에
밸 수밖에 없었고, 또한 그들의 정신철학은 그의 삶을 이끌어나
갈 수 있는 정신적 나침반이 되었다. 3·1운동 직후 송신용이 상
해 임시정부를 찾아가 독립운동을 하겠다고 결심한 것도 순전
히 최남선·남형우·고원훈 등 휘문의숙 은사들에게 영향을 받
아서였다. 후일 송신용이 『한글』에 여러 편의 글을 발표하는데,
이 또한 휘문의숙 교사와 졸업생이 중심이 되어 결성한 조선어
학회에서 발행한 잡지였기 때문이다. 이처럼 저명한 휘문의숙
인사들과의 친분과 교유는 송신용이 향후 서적 중개상으로서
활동하면서 지식인들과 학자들에게 책을 공급하고 상거래 이상
의 친분을 유지하는 데 밑거름이 되었다.

인적 네트워크 외에 휘문의숙을 통해 송신용이 얻은 가장 큰
자산은 한학이라고 할 수 있다. 그가 나중에 전문적으로 고서를
읽고 어려운 어휘에 주를 달거나 작가 고증을 하는 등 한적漢籍
(한문으로 쓴 책) 자료를 직접 해독하고 연구할 수 있는 전문소양
을 갖추게 된 것은 바로 휘문의숙에서 한학을 수학했기 때문이
다. 송신용은 기본적으로 한학에 재능이 있었지만 재학 당시 한
문 교사이자 한문학의 대가로 통하던 원영의元泳義에게 사사한
후 그의 한학 실력은 일취월장했다. 원영의는 휘문의숙 창립 원
년부터 한문·지리·역사·작문 등의 과목을 가르쳤는데, 투철

한 민족의식을 가지고 수업을 한 것으로 유명하다. 그는 일본의 감시하에서도 소신을 갖고 우리 역사의 주체성을 강의하던 민족주의자였다. 그는 역사와 한문 교육에 심혈을 기울여 여러 편의 교재를 편찬하기도 했다. 많은 학생들이 원영의에게 한문을 배웠지만, 송신용은 남들보다 더 열심히 한문을 공부했다. 그런 이유 때문인지 학적부에 기재된 송신용의 한문 점수는 늘 100점이었다.

당시 휘문의숙에서 사용한 한문 교재 중 하나인 『대동문수大東文粹』는 장지연이 휘문의숙 편집부에 있을 때 만든 한문 교과서였다. 고대 기자조선箕子朝鮮에서부터 조선말까지의 명문名文들 중 93편을 선별해 1907년에 간행한 책이다. 이 책 서문에서 장지연은 중국 문장만을 중시하고 우리 선현들의 명문들은 오히려 홀대하던 풍조를 비판하면서 이런 의식을 극복하기 위해서라도 선현들의 글 중에서 정수精粹하고 간략한 글을 뽑아 주석을 붙여 학생들을 올바로 깨우쳐야함을 강조했다. 송신용 역시 이 책으로 공부했다. 원영의, 장지연 등 훌륭한 교사들에게 배운 그의 문식력文飾力과 한학 지식은 향후 각종 고서들을 수집하고 학자적 활동을 행하는 데 훌륭한 지적 자산이 되었다.

학적부에는 이 시기 송신용의 원거주지가 번지수 기록 없이 '북부北部 원동'으로만 되어 있다. '원동'은 현재의 원서동苑西

洞 일대로 창경궁 서쪽에 위치해 있는 북촌 지역이었다. 또한 휘문의숙이 터를 잡았던 곳이기도 하다. 그런데 송헌빈이 살던 집 주소 역시 '북부 원동 21통 11호'로 기재되어 있다. 이로 보건대 송신용이 살았던 사돈어른 이 참봉 집은 송헌빈의 집과 동일하거나, 아니면 가까운 근처였을 것이다. 게다가 송헌빈의 장남이자 송신용의 보증인으로 기재되어 있는 종형從兄 송윤용宋潤用의 주소지도 '북부 원동 12통 6호'였다. 일가족이 근처에 모여 살았던 것으로 짐작된다.

송신용은 4년간 별 탈 없이 학교를 다녔지만, 그 시절 그에게 힘들었던 일 중 하나는 제때 끼니를 챙겨 먹는 것이었다. 송신용이 거처하던 이 참봉 집은 명색이 양반집이라 아침을 늦게 먹곤 했다. 그러니 학교 갈 때 밥을 굶는 일이 다반사였다. 더욱이 송신용은 아침 일찍 학교에 갔다가 밤늦게까지 공부하고 오느라 제때에 식사를 하지 못했다. 그래서 그는 소금을 가지고 다니며 허기진 배를 채워야 했다. 오늘날처럼 변변한 간식거리가 있던 것도 아니었기에 중간에 특별히 음식을 챙겨 먹는다는 것은 엄두도 내지 못할 일이었다. 그러니 위장이 좋을 리 없었다. 송신용이 나이 들어 죽을 때까지 소화를 제대로 못 시키고 속이 안 좋아 고생한 것은 순전히 학창 시절에 제대로 끼니를 챙겨 먹지 못했기 때문이다. 어찌 보면 신학문을 공부한 대가라고 할 수도 있다.

송신용은 휘문의숙을 졸업하자마자 사립 양원養源여학교(현재의
동덕여자대학교 전신) 교사로 나간다. 이 학교는 1909년부터 특별
과를 개설해 오후에 한문 · 국문 · 영어 · 일어 · 산술 등을 가르
쳤는데 송신용이 졸업하던 1910년부터는 한문 전문강습소까지
개설해 운영했다. 이때 휘문의숙을 졸업한 송신용이 곧바로 이
학교 한문 교사로 부임했던 것으로 보인다.

그러나 양원여학교에 관한 상세한 자료가 남아 있지 않아 송
신용이 그곳에서 얼마 동안 정확히 무슨 과목을 가르쳤으며, 어
떻게 생활했는지는 알 수 없다. 학적부에 기록된 내용에 근거해
그가 사회에 첫발을 내디딘 곳이 바로 양원여학교라는 사실만
확인할 수 있을 뿐이다. 양원여학교에서 송신용이 오래 교사생
활을 한 것 같지는 않다. 졸업하고 교사로 나가던 해에 조선이
일본의 지배를 받기 시작한 데다 양원여학교 역시 1915년에 재
정난을 견디지 못하고 동덕학원에 흡수되었기 때문이다.

그런데 여기서 문제가 되는 점은 1910년부터 1919년 무렵까
지, 곧 그가 휘문의숙을 졸업한 이후 약 10여 년 동안의 행적이
오리무중이라는 사실이다. 당시 그의 나이 20대 후반에서 30대
중반으로, 인생에서 가장 혈기 왕성하고, 꿈과 비전이 있고, 도
전 의식이 강했던 시기의 행적이 물음표로 남아 있는 것이다.

그 시기 다른 지식인들처럼 사회로 나와 안정된 직장을 잡고, 가정을 꾸리고, 개인적 꿈과 이상을 맘껏 펼치고 싶었건만, 일본의 조선 강점이란 정치·사회적 굴레는 젊은 지식인 송신용에게는 차디찬 북풍과도 같았을 것이다. 분기탱천한 젊은 지식인 송신용이 자신의 목표를 분명히 정하고 행동으로 옮기기 위해 시대와 사회를 탐색하며 암중모색했던 시기가 바로 1910년대였다고 보아도 별 무리가 없을 듯하다.

송신용의 행적은 3·1운동이 일어났던 1919년 이후부터 다시 발견된다. 송신용 역시 다른 민중들처럼 태극기를 들고 독립만세를 외치며 길거리로 뛰쳐나갔다. 그러나 그 기쁨과 항거도 잠시뿐, 곧 그는 일본 경찰의 끈질긴 추적을 받는다. 진퇴양난의 위기에 몰린 그는 일생일단의 결단을 내린다. 중국 상해에 임시정부가 세워졌다는 소식을 들은 그는 뜻을 같이하는 동지들과 대한민국의 독립을 위해 헌신하기로 결심한 것이다. 중국으로 가기로 결정한 것이다.

송신용의 자字는 치휴致休, 호號는 필관必觀이다. 그가 호를 '필관(반드시 본다)'으로 삼은 이유는 일본이 망하는 꼴을 반드시 보고야 말겠다는 신념 때문이었다. 이러한 그의 신념은 조실부모早失父母한 상황에서 스스로 터득한 생활철학이자 그의 스승과 휘문의숙의 동문들 그리고 여타 지식인들과의 만남과 교유

속에 형성된 시대적 요구이기도 했다.

송신용에게는 운도 따랐는데, 휘문의숙 재학 시절의 스승인 최남선에게서 임시정부 입회를 부탁하는 추천장까지 받았던 것이다. 일생을 걸 만한 운명의 순간이 다가왔음을 직감한 청년 송신용은 조국이란 이름 앞에서 꿈틀대는 애국의 혼을 불사르고자 혈혈단신으로 중국행 배에 올랐다. 물론 스승의 추천장만 믿고 중국행이라는 치기 어린 모험을 감행하려 한 것은 아니었다. 그 이전부터 그의 가슴 깊은 곳에서 끊임없이 솟아난 애국심이 그를 중국으로 이끌었던 것이다. 최남선의 추천장을 품에 넣고 상해 임시정부 요인을 만났을 때 그는 세상을 모두 품은 듯했다.

그러나 송신용의 꿈과 목표는 곧 좌절로 바뀌고 말았다. 어렸을 때 그는 밤송이 가시에 찔려 한쪽 눈의 시력을 잃었다. 살아가는 데 큰 지장은 없었으나 그의 결단은 이 한쪽 눈 때문에 틀어지고 만다. 시력 장애가 있는 사람이 독립운동을 하기는 어렵다며 임시정부 측에서 그의 입회를 거절했기 때문이다.

목숨을 버릴 각오로 찾아갔지만, 정작 그곳에서 자신이 조국의 독립을 위해 할 수 있는 일이란 아무것도 없다는 사실을 깨달았을 때, 송신용이 느낀 좌절감과 실망감은 이루 말할 수 없었다. 필관이라는 호를 가진 그가 한쪽 눈이 보이지 않는다는 이유로 임시정부 입회를 거절당한 것 자체가 운명의 장난처럼 느껴졌다. 나라 없는 설움을 견디다 못해 멀리 이국땅에까지 가 독립운동을 하고자 했지만, 자신은 그것마저 할 수 없는 인간이었다. 그러한 사실을 인정하기에 송신용은 너무도 젊었다. 이제 그는 어떤 목표를 가져야만 하는 것일까? 허탈한 그는 새로운 삶을 시작할 용기마저 잃을 지경이었고, 머릿속은 혼란스럽기만 했다. 그렇다고 곧바로 다시 조국으로 돌아간다는 것은 더더욱 받아들이기 어려웠다.

결국 송신용이 꺼내든 비장의 카드는 일본 지배하의 조국도, 자신이 지금 밟고 서 있는 중국 땅도 아닌 제3국 몽골이었다. 그런데 그는 왜 하필이면 낯선 몽골 땅을 택했던 것일까? 그 나름대로의 계획이 있었거나 혹은 그의 지인이 몽골에 거주하고 있었다는 단순한 이유 때문인지도 모른다. 하지만 몽골에서 그의 행적을 추적할 단서는 남아 있지 않기 때문에 그가 왜 몽골로 갔는지 확인할 길이 없다.

송신용은 몽골에서 3년 남짓 머물렀는데, 국내와 연락이 두절된 것은 아니었다. 인편을 통해 국내 사정과 가족 소식을 전해 듣고 있었다. 몽골에서 돌아온 그가 책쾌의 길로 들어섰음을 생각하면 몽골에서의 활동 내용이 더욱 궁금해진다. 그는 도대체 몽골에서 무엇을 생각하며, 어떻게 살았을까?

절망의 순간에 발견한 책쾌의 길

몽골에서 지내던 송신용은 갑작스럽게 고국으로 돌아왔다. 1922년, 백부 송헌빈이 매우 위독하다는 소식을 들었기 때문이다. 송헌빈이 누구인가? 그에게 송헌빈은 부친과 다름없는 존재였다. 몽골에서의 삶을 정리하고 부랴부랴 귀국한 그는 곧바로 양평으로 향했다. 짐작컨대 몽골에서 그는 안정된 터전을 마련하고 있지는 않았으리라. 그 때문에 몽골을 떠나는 것 자체는 그리 어렵지 않았을 터였다. 하지만 무익한 시기는 아니었을 것이다. 몽골에 그는 피폐해진 마음을 추스르고 앞으로 어떻게 살것인가를 자문하고 답을 구했을 것으로 추측해볼 따름이다.

송헌빈은 말년에 관직에서 물러나 자신의 본가가 있던 경기도 양평군 옥천면 신복리(일명 복동福洞)에서 요양하고 있었다. 송헌빈이 죽기 전까지 송신용과 함께 보낸 시간이 많았다는 사실은 둘의 관계가 친부와 자식 못지않게 친밀했음을 알려준다. 송신용과 마지막 시간을 함께 보낸 송헌빈은 송신용이 귀국한 다음 해에 83세를 일기로 세상을 뜨고 말았다. 송신용은 또다시 큰 슬픔에 빠졌다. 자신이 세웠던 목표가 좌절된 데 이어 정신적 스승과 다름없는 사람을 잃은 것이다. 그러나 그는 좌절만 하고 있을 수 없었다. 이제부터야말로 새로운 삶을 시작하지 않으면 안 되었다.

당시 신복리에서 글공부를 하거나 신교육을 받은 이는 거의 없었다. 더욱이 송신용처럼 외국까지 다녀온 이는 더욱 찾기 어려웠다. 때마침 옥천면에 면사무소가 개소되었지만 면장직을 맡을 만한 인물이 없었다. 그래서 송신용은 옥천면 초대 면장직을 얼마간 맡기도 했다.

그 무렵부터 송신용의 일생에 책과 관련된 일이 하나둘 끼어들기 시작한다. 때때로 대서代書 일을 한 그가 책을 수집하는 일을 시작한 것이다. 송신용이 그곳에 거주하던 시절에 이미 고서를 취급했다는 사실은 서강대학교 소장본 『교수잡사攪睡雜史』에 적혀 있는 송신용의 수기手記에서 확인할 수 있다. 그는 『교수잡사』에 이 책을 "1922년 양평군 고읍면 옥천리에 거주할 때 구득購得했다"고 적었다. 여기서 고읍면 옥천리는 현재의 옥천면 신복리이다.

한편 조선총독부 관보 제644호(1929년 2월 26일자)에 실린 〈임야조사위원회공문林野調査委員會公文 - 공시 제43호〉라는 기사에 송신용의 이름이 등장한다. 이 공문에는 "불복신립不服申立", 곧 '불복 신청'한 이들의 명단이 적혀 있는데, 말하자면 양평군 소재 임야 조사를 위해 자발적으로 총독부에 신고하도록 한 명령을 어긴 사람들을 공개적으로 밝힌 것이다. 송신용이 마흔여섯 살 때의 일로, 그가 1922년부터 1929년까지 양평에 계속 거주했다는 증거로 삼을 수 있다.

그러나 송신용이 1929년 이후에도 양평군 옥천면에 실제로 거주했다고 보기는 어렵다. 왜냐하면 1927년에 혼례를 치른 송신용의 거처는 서울이었으며, 다음 해에 낳은 첫째 딸을 비롯한 3남 3녀가 태어나 자란 곳이 서울이기 때문이다. 게다가 1929년 그는 신설동 경마장 근처 노상 가게에서 『한양가』를 구했다. 이것을 보더라도 송신용은 그 시기에 서울에서 거주하고 있었던 것이 분명하다.

송신용은 1927년, 마흔네 살에 부인 박영희朴英姬를 아내로 맞이해 한평생 동반자의 길을 걷는다. 부인 박영희는 고령 박씨인 박영수朴永壽 집안의 딸이었다. 현숙한 아내요, 자상한 어머니로서 남편과 자식을 헌신적으로 뒷바라지하며 집안 살림과 내조에 부족함이 없었다.

1928년에 장녀 송명희宋明姬가 태어났다. 늦어도 한참 늦은 나이인 마흔다섯 살에 송신용은 비로소 첫 자식을 본 것이다. 딸을 얻은 기쁨은 형용할 수 없이 컸다. 그래서인지 그가 장녀에게 쏟은 애정과 정성은 대단했다. 송신용은 자신이 가는 곳에 늘 어린 딸을 데리고 다녔다. 화신백화점에서 고급과자를 사주기도 하고, 책을 가지고 조선총독부를 드나들 때에도 어린 딸과 함께였다.

1930년에 태어난 차녀 송만협宋萬協은 현재 무속인으로 활동 중이다. 그 뒤에 장남 송석성宋錫聖(1933)이 태어났다. 그는 용산 고등학교를 졸업할 때 한국전쟁이 발발해 양평에 있는 외갓집에 보내졌다가 1·4후퇴 때(당시 19세) 국군에 입대해 포병으로 여러 전투에 참가했으며 그 공을 인정받아 소위로 진급하고 화랑무공훈장까지 받았다. 그 아래로 차남 송석항宋錫恒(1938), 삼남 송석경宋錫慶(1940, 집안에서는 '경진'으로 불렀다), 삼녀 송방실宋芳實(1946)이 태어났다.

송신용이 양평에 머물렀던 시기는 잠시뿐이었지만 그 기간은 그의 일생에서 하나의 전기가 되었다. 그가 책과 관련된 일을 시작한 것이 바로 양평 시절부터였기 때문이다. 무엇이 그를 책쾌의 길로 이끌었는지는 정확히 알 수 없다. 중요한 것은 양평에 거주한 이후부터 그의 삶의 방향이 완전히 달라졌다는 사실이다. 1929년에 『한양가』를 신설동 경마장 부근에서 구입한 사실과 가람 이병기가 쓴 1933년 일기(『가람일기』)에 송신용이 이병기의 집을 종종 드나들며 책을 거래한 사실이 적혀 있는 것 등으로 보아, 그는 이미 1920년대 중후반부터 서울에서 서적 중개상으로 본격적인 활동을 시작했던 것이다.

이렇듯 송신용이 평생 책과 더불어 살게 된 데에는 중국에서의 좌절과 정신적 후원자였던 백부 송헌빈의 죽음이 결정적이었다고 할 수 있다. 독립운동에 헌신하고자 했던 그의 신념은 방향을 틀어 그를 전통 문화유산에 대해 애정을 갖게 하고 민족의식을 함양하는 쪽으로 나아가게 한 것이다. 그의 행적으로 볼 때 한학에 대한 식견을 십분 발휘할 수 있는 고서 중개업 쪽이 오히려 자연스런 귀결일 수도 있었다. 평소 송신용은 누구보다 국가에 대한 충정심이 강렬했으며 옛것을 소중히 여기는 마음 또한 확고하고 투철했기 때문이다.

먼지만 켜켜이 쌓여 있거나 산재散在되어 있는 고서들을 찾아 후손들에게 물려주는 것으로 자신의 애국심을 불태우고자 했기 때문이었을까? 이후 송신용의 활동은 여느 서적 중개상과는 사뭇 달랐다. 물론 서적 중개상의 삶은 생계유지라는 현실적 이유에서 택한 측면도 있었다. 하지만 그의 이상과 못다 이룬 꿈을 펼치는 데 서적 중개상보다 잘 어울리는 직업은 없었다.

서적 중개상의 발자취

조선의 서적 유통

송신용처럼 서적을 전문적으로 취급하던 상인들은 이미 임진왜란 이전부터 존재했다. 서점이 없었기 때문에 15~16세기 서적 유통은 개인 간의 교환 또는 기증을 제외하고는 서적 중개상을 통한 방법이 주가 되었다. 그런데 문제는 상업적 거래가 활발하지 못했던 시기였기 때문에 서적 중개상의 활동 또한 활발히 이루어졌다고 말하기 어렵다는 점이다.

하지만 임진왜란(1592~98) 후부터 사정은 달라졌다. 신간 서적이 중국에서 대거 유입되었던 것이다. 중국과의 공무역은 물론 사무역도 함께 발달하면서 역관을 통해 개인적으로 서적을 구해오는 경우도 빈번해졌다. 이런 과정을 통해 각종 경서와 신간 사상서, 중국 통속소설 등이 본격적으로 들어오기 시작했다. 더욱이 『삼국지연의』, 『수호지』, 『초한연의』 등의 중국 통속소설이 국문으로 번역되면서 사대부 여성 독자들을 중심으로 소설 독서가 유행하기 시작했다. 17세기 이후 화폐경제가 활성화되고 상업 활동이 활발해지면서 책 거래는 더욱 늘어났으며, 18세기에는 책을 빌려주는 세책貰冊업이 활기를 띠면서 독서 주체와 향유 범위가 더욱 광범위하게 넓어졌다.

사실 책을 쓰고, 그것을 독서하는 활동은 한 계층이 적어도 200~300여 년에 걸쳐 각성한 의식의 결과라고 해도 과언이 아니다. 소설처럼 대중적인 책인 경우, 더더욱 집단의 문화생활을 통해 태어나는 것이기에 자발적인 독서욕과 많은 시간이 필요했다. 이런 점에서 볼 때 서적 중개상들이 자신의 이름을 세상에 드러내고, 절정을 구가한 시기는 15~16세기가 아니라 17~18세기 무렵이었다. 문학시장과 독서시장이 서서히 형성되기 시작해 물을 주고 영양분을 공급해 싹이 나고 그 꽃을 피운 것은 바로 18세기 중후반, 영·정조 시대로 대변되는 문예 부흥기의 일이다.

  이 시기에 수많은 서적 중개상이 활동했다는 것은 그만큼 서적 유통이 활발하게 이루어졌고, 독서 지식욕과 문화 창달의 욕구가 강하고 집중적이었다는 의미다. 그러나 서적 중개상이 활보했다는 것은 서점이 없거나 제 기능을 수행하지 못했다는 사실을 반증하며, 그 사회에서의 책 보급과 유통 체계가 아직 대중의 새로운 문화적 욕구를 따라가지 못했음을 뜻하기도 한다. 어디 그뿐인가. 18세기에 세책 소설에 열광하고, 중국에서 유입된 신간 도서에 수 세기 동안 상층 지식인 전체가 몰입했다는 것은 그만큼 책을 필요로 하는 독자들과 책의 공급과 유통이 원활하지 않은 조선의 환경 사이에 불균형이 심했음을 의미한다. 독서욕은 자연스레 서적의 원활한 유통을 원한다. 그렇지만 경서나 교화서류의 유통에는 이데올로기가 개입함으로써 문화적 조직자, 곧 위정자들이 오히려 인간을 제도에 적용하려는 유혹에서 벗어나기 쉽지 않다. 그러나 소설로 대표되는 문학적 독서는 독자와 환경 사이의 불균형에 대항하려는 방책으로 나타나곤 했다.

만약 영·정조 대가 행복하고 태평하기만 한 시대였다면, 아니 조선 후기가 만족스런 역사를 가지고 있었다면, 소설과 같은 문학 작품은 나타나지 않았을지도 모르고, 대중들도 소설을 찾지 않았을 것이다. 독서욕을 느끼고, 그것을 실현하기 위해 서적 중개상을 간절히 찾았다는 사실은 결국 독자와 그 환경 사이에 결핍되고 불균형한 요소가 많았다는 증거와 같다.

조선 후기 최고의 서적 중개상 조신선

조선 후기 불균형한 독서 상황에 활력을 불어넣은 최고의 서적 중개상이 있었으니 그의 이름은 '조신선曹神仙'이다. 20세기 서적 중개상의 면모를 송신용에게서 찾아볼 수 있다면, 조선 후기 서적 중개상의 활약상과 성격을 엿볼 수 있는 대표적 인물이 바로 조신선이다.

세상에 있는 책이 모두 자기 책이요, 세상에서 책을 아는 이도 자신뿐이라고 호언장담할 수 있는 사람이 과연 몇이나 될까? 영·정조 대에 살았던 '조신선'이라고 불린 '조생曹生'이 바로 그런 사람이었다. 조신선은 당대와 후대에 이름깨나 날렸던 '명물'이었다. 정약용(1762~1836)의 「조신선전曹神仙傳」, 조수삼趙秀三(1762~1849)의 「죽서조생전鬻書曹生傳」,[2] 조희룡趙熙龍(1789~1866)의 「조신선전曹神仙傳」,[3] 서유영徐有英(1801~74)이 쓴 『금계필담錦溪筆談』,[4] 장지연이 쓴 「조생曹生」[5]과 강효석姜斅錫(?~?)이 편집한 『대동기문大東奇聞』[6] 등 여러 문헌에는 그에 관한 증언들이 담겨 있다. 서적 중개상으로서 그의 행적이 많은 지식인들의 이목과 관심을 끌었던 것이다. 조신선과 송신용의 삶과 철학은 시대만 다를 뿐 크게 차이가 나지 않는다.

조신선이라는 자는 책을 파는 아쾌牙儈로 붉은 수염에 우스갯소리를 잘하였는데, 눈에는 번쩍번쩍 신광神光이 있었다. 모든 구류九流 · 백가百家의 서책에 대해 문목門目과 의례義例를 모르는 것이 없어, 술술 이야기하는 품이 마치 박아한 군자[博雅君子]와 같았다. 그러나 욕심이 많아 고아나 과부의 집에 소장되어 있는 서책을 싼 값에 사들여 팔 때에는 배로 받았다. 그러므로 책을 판 사람들이 모두 언짢게 생각하였다.[7]

정약용은 조신선을 "책을 파는 아쾌[賣書之牙儈]", 곧 책을 중간에서 거래하던 거간이라고 했다. 그런가 하면 중인 문인이었던 조희룡과 조수삼은 그를 "책을 파는 것을 업으로 삼은[鬻書自業]"으로, 전해오는 이야기를 모아놓은 『대동기문』에서는 '책쾌'로 불렀다. 표현이 조금 다르지만 책을 판매한다는 의미에서는 동일하다. 그런데 이런 조신선을 정약용은 각양 서책을 두루 알고 '문목門目'과 '의례義例'(서책의 범례)에 능통한 전문적 책쾌라고도 했다. "박아한 군자와 같았다"는 평을 들을 만큼 조신선은 지식과 학식을 갖춘 인물이었다. 책쾌 노릇을 하려면 기본적으로 문자를 깨치고 교양과 지식을 갖추어야 했는데, 조신선은 책쾌 중에서도 책을 보는 안목이 뛰어났다. 게다가 약방에 감초처럼 우스갯소리까지 잘한 훌륭한 이야기꾼이기도 했다.

조신선이 이득을 취하는 기본적 방법은 책을 반값에 사들여 배나

되는 값으로 되파는 것이었다. 이것은 유희춘이 쓴 『미암일기眉岩日記』에서도 확인할 수 있다. 임진왜란 이전에 활동했던 책쾌 박의석朴義碩과 송희정宋希精도 반값에 책을 사서 배로 팔았다고 한다. 송신용은 (그가 기록한 거래장부를 보면) 책값(거래가격)의 10분의 1 정도를 중개 수수료 명목으로 받고 거래했다. 물론 타인의 책을 제3자에게 주선해주는 경우가 아니라, 자신이 소장하고 있던 책을 직접 팔 경우에는 송신용도 이들처럼 배의 값으로 팔지 않았을까 싶다. 이러한 방식이 책쾌들의 일반적 매매 관행이었다.

그런데 어디에나 반대 시선은 있기 마련이다. 예를 들어, 조신선이 고아나 과부 집에 소장되어 있는 서책까지 두 배의 책값을 취하면서 처분한 경우를 두고 곱지 않게 바라본 것이 그러하다. 오늘날에야 시장경제 논리하에서 문제될 것이 없지만, 서책을 사고파는 것이 부정적으로 인식되던 시기에 경제적으로 궁핍한 이들의 약점을 이용해 이익을 취하고자 했다는 점에서 부정적으로 비춰졌던 것이다. 그러나 그런 판단의 기저에는 사대부의 부정적 편견도 일정 부분 투영되어 있었다. 책을 상품으로 파악해 영리 행위를 추구하는 상인 계층을 부정적으로 바라보던 시각이 은연중에 나타난 결과였다.

책쾌 중에는 서울에서만 활동하던 이들이 있었는가 하면, 전국을 무대로 지방과 서울을 오가며 서적을 팔던 이들도 있었는데 조신선은 서울을 거점으로 활동했다. 그는 시장이나 관청, 의원집, 양반집 등 책을 원하는 이가 있는 곳이라면 지위고하를 막론하고 서울 거리를 누비며 달려갔다.

조생은 그 출신을 알 수 없으나 책을 팔아 업을 삼았으니 날이 밝으면 시장으로, 저잣거리로, 의원집으로, 관청으로 달려가 위로는 고위대작 양반들에서부터 아래로는 학동이나 마부에 이르기까지 가리지 않고 만나 책을 팔았다. 그의 걸음은 나는 듯하고 소매에 잔뜩 넣어 가지고 다니는 것은 모두 서적뿐이었다.[8]

조신선은 옷소매에 책을 잔뜩 넣어 다녔다. 『금계필담』에서는 『강목綱目』 한 질을 늘 몸에 지니고 다니다가 혹 그것을 보고 싶어 하는 사람이 있으면 그 즉시 품속에서 계속 꺼내 방 안에 수북이 쌓아 놓을 정도였다고 했다.[9] 서울에서만 활동했기 때문에 다른 서적 중개상들처럼 굳이 책 상자를 짊어지거나 어깨에 메고 다닐 필요가 없었다. 오히려 요긴하다 싶은 책 몇 권을 소매나 품속에 꾹꾹 넣어서 다니는 것이 프로다운 발상이었다.

서적 중개상은 불특정 다수를 상대로 집집마다 찾아다니며 거래처를 뚫어야 했다. 그래서 일단 평소 인사를 나누며 지내다가 고객이 서책 매매에 관심이 생기면 실제로 필요한 서책을 구해와 신뢰를 쌓고 지속적으로 거래할 수 있는 대인관계를 형성했다. 조신선도 마찬가지여서 한번 고객을 평생 고객으로 만든 후, 신용을 생명으로 끈끈한 인간관계를 유지했다. 주요 고객은 남성 지식인들로, 그중에서도 장서가나 학자들이 많았다.

경원자經畹子는 말한다. "내가 처음에 7~8세 때에 제법 글을 엮을 줄 알았다. 하루는 선친께서 조생에게 『팔가문八家文』 한 질을 사서 주시며, "저이가 책장수 조생이란다. 집에 있는 서책들은 모두 이 사람에게서 사들인 것이다"라고 말씀해주셨다.[10]

경원자는 조수삼을 가리킨다. 조수삼은 집에 있는 서책들 모두 조신선에게서 구했다고 부친이 말했던 것을 어린 시절부터 들어 익히 알고 있었다. 이처럼 수십 년간 한 명의 책쾌와 거래를 맺는 것은 낯선 모습이 아니었다. 이런 사정은 유만주俞晚周의 일기인『흠영欽英』에도 자세히 나타나 있다. 책 읽기에 깊이 빠져 지내던 유만주야말로 책쾌들에게는 최고의 고객이었다.『흠영』에는 조신선이 찾아와 책을 거래하고 의논한 내용이 종종 등장한다.

책쾌 조씨가 왔다.『통감집람通鑑輯覽』과『한위총서漢魏叢書』를 구한다고 말했다. 그는『명사明史』는 결국 선본善本이 없고,『경산사강瓊山史綱』역시 구하기 어렵다고 했다. 듣자니『정씨전사鄭氏全史』는 춘방春坊에서 새로 구입했고,『김씨전서金氏全書』는 일찍이 서각徐閣의 소유였는데 그것의 값이 모두 합해 4만여 문이나 된다고 했다. 그 밖에『절강서목浙江書目』을 구했다.『합강合綱』을 내어서 보여주며 돋보기를 대고 글자 모양과 크기를 들여다보니 마치 사정전思政殿의 각본刻本 같았다. 그래서 이와 같은 판본이면 경사經史와 제자서諸子書·잡기雜記·소설을 막론하고 한 책이든, 열 책이든, 백 책이든 구애받지 말고 다만 힘써 구해오기만 하라고 했다. (책쾌가) 말하기를, "그것은 심히 어렵습니다. 그러나 특별히 한 번 힘써 보도록 하겠습니다"라고 했다. "송판경서宋板經書 대본이

있습니다"라고 하므로, "구할 수 있느냐? 가져다 보여주기만 하시오!"라고 했다.[11]

책쾌 조씨가 『송설학사전집松雪學士全集』을 놓고 갔다. 저녁에 책쾌 조씨가 다시 왔다. 『종고삼화이십현從古三花二十玄』으로 바꾸었다.[12]

『흠영』에 나타난 책쾌 조신선과 유만주의 대화 장면은 마치 한 편의 드라마를 보는 듯 생생하다. 정보 교환의 실상은 물론, 책에 대한 관심과 서적 구입에 대한 열의, 서지 정보에 대한 박학 정도까지 두 사람의 대화에서 모두 감지할 수 있다. 또한 이들의 만남이 수시로 이루어졌던 사정까지 엿볼 수 있다. 유만주가 조신선에게 구입하거나 구입을 의논한 책 중에는 『패문운부佩文韻府』·『강목』·『통감집람』·『한위총서』·『동림열전東林列傳』·『수호외서水滸外書』 등의 중국 총서나 문집·전기·소설뿐 아니라 『일하구문日下舊聞』·『사변록思辨錄』·『구운몽九雲夢』 등 조선의 유교 사상서와 소설책까지 망라되어 있었다. 유만주는 문사철文史哲을 아우르는 세상의 다양한 책에 관심을 가졌고, 그의 촉수는 조선뿐 아니라 중국에서 간행된 책에까지 뻗쳐 있었다.

이런 지적 욕구를 충족시켜줄 주체로 당대에 조신선이 최고였음은 두말할 필요가 없다. 이처럼 다양한 종류의 책을 그것도 신속하게 구하려는 장서가와 애서가의 기대를 충족시키고 지속적인 거래를 유지하기 위해 책쾌는 그 누구도 넘볼 수 없는 프로 정신과 능력을 갖추어야 했다.

조신선을 직접 만나본 사람들이 여럿 있었고, 이들이 조신선과 직접 왕래한 세월만 해도 어언 한 세기에 이른다. 더욱이 그는 "귀천貴賤과 현우賢愚에 관계없이 모두 알아볼"[13] 정도로 활동 범위가 넓었고, 평생 수많은 문사와 다양한 부류의 사람들을 만나며 전문적인 책쾌 노릇을 했다. 재미있는 사실은 장소와 사람을 가리지 않고 마치 나는 듯 책을 소매에 가득 가지고 다니며 책장사를 한 그는, 정작 그렇게 벌은 돈을 모두 술값으로 썼다고 한다.[14] 이렇듯 그에게서는 재물에 집착하지 않고 그저 술을 마시며 삶을 즐기고자 했던 신선다운 기질마저 엿보인다.

조신선은 책의 내용은 잘 몰라도, 책의 저자가 누구고, 주석을 단 이가 누구며, 몇 권 몇 책인지, 또한 문목과 의례에 관한 서지 정보는 물론, 누가 책을 소장하고 있으며, 얼마 동안 어떤 책을 소장하고 있었는지까지 환히 꿰뚫고 있었다. 그렇기에 "천하의 책이 모두 내 책이요, 이 세상에서 책을 아는 이는 오직 나뿐이다"며 호언장담할 수 있었다.[15]

내 비록 책은 없지만, 아무개가 어떠어떠한 책을 몇 년 소장하고 있다가 그중 어떤 책 일부를 나를 통해 팔았소. 그 때문에 책의 내용은 모르지만 어떤 책을 누가 지었으며, 누가 주석을 달았고, 몇 권 몇 책인지까지 다 알 수 있다오. 그런즉 세상의 책이란 책은 다 내 책이요, 세상에 책을 아는 사람도 나만 한 사람이 없을 것이오. 세상에 책이 없어진다면 나는 달리지 않을 것이요, 세상 사람이 책을 사지 않는다면 내가 날마다 마시고 취할 수도 없을 것이오. 이는 하늘이

"책은 내 손안에 있소이다"라고 건방지게 외칠 수 있었던 조신선의 자부심과 자신감은 20세기에 송신용이 세상을 향해 품었던 기상과 고서에 대한 애정과 상통하는 것이었다.

서적 중개상의 다양한 활동

서적 중개상의 활동상을 살펴보면 몇 가지 특징을 발견할 수 있다. 그중 하나가 활동지역이다. 서적 중개상은 활동지역을 기준으로 크게, 서울에서만 활동하던 부류, 서울과 지방을 왕래하던 부류, 지방(도시)에서만 돌아다니던 부류로 나눌 수 있다.

첫 번째로는 바로 조신선 같은 책쾌들이다. 조신선은 항상 도성 안을 돌아다니며 책 파는 것을 업으로 삼았다.[17) 평소 그는 옷소매에 책을 넣어 가지고 다니며 판매했는데, 이것은 이동 범위가 좁거나 제한적일 경우에만 가능했다.

영조 대에 불온한 서적을 유포한 책임을 물어 책쾌들을 모조리 처벌한 이른바 '명기집략 사건(〈깊이 읽기 2〉 참조)'이 발생하는데, 이때 영조는 특별히 명을 내려 불온서적들이 지방에까지 유통되지 않도록 포도청에 특별 지시를 내린 적이 있다.[18) 이처럼 불온서적이 지방으로 확산되는 것을 금하고자 책쾌 체포령을 내린 것은 서울과 지방을 오가며 서적을 유통시킨 두 번째 부류를 염두에 둔 조치였다.

세 번째로는 특정 기록으로는 확인되지 않지만, 상업경제가 발달하고 지방에서 장이 열리는 곳을 찾아다니며 방각본坊刻本(민간 출판업자가 만든 목판본 책) 서적을 공급하거나 길가에 놓고 팔던 책쾌들이다.[19] 책쾌 중에는 서울이 아닌 지방을 주 무대 삼아 돌아다니며 서적을 거래하던 이들이 적지 않았던 것으로 보인다.

또한 서적 중개상은 활동 성격에 따라 세 가지 부류로 나눠볼 수 있다. 이른바 '전문가형 책쾌', '겸업형 책쾌', '지식인형 책쾌'가 바로 그것이다.[20]

첫째, 전문가형 책쾌란 서적 매매와 중개를 직업으로 삼아 전문적으로 활동하던 이들을 말한다. 그 대표적인 예가 앞에서 언급한 '조신선'이다. 그는 책의 저자·주석자·권·책수·문목 등에 관한 서지 정보는 물론, 책의 소장자나 소장 연도까지 줄줄이 파악하고 있었다. 이렇듯 오로지 서적 중개만을 전문으로 하던 이들을 '전문가형 책쾌'라고 부를 수 있다.

둘째, 책쾌 활동 외에 서점이나 세책점, 인쇄소와 같은 별도의 출판과 유통업을 동시에 하던 이들이 있었다. 채제공蔡濟恭(1720~99)이 「여사서서女四書序」에서 언급한 '쾌가儈家'처럼 세책 관련 일을 하던 책쾌나 20세기에 책쾌로 활동하다가 '화산서림華山書林'이란 서점을 차리고 경영까지 한 이성의李聖義(1902~65) 같은 이들이 이에 해당한다.[21] 이들을 '겸업형 책쾌'라고 할 수 있다.

셋째, 지식인이 생계유지를 위해 임시로 책쾌 노릇을 한 경우이다. 양반으로 책쾌 노릇을 한 영조 대의 이양제李亮濟[22]나 독서·학문에 힘썼으나 집이 가난해 "붓 가게나 책 가게가 있는 거리[筆肆冊市之

間]"를 다니며 책쾌로서 생계를 이어 나갔던 중인 홍윤수洪胤琇[23] 등이 바로 그들이다. 이들을 '지식인형 책쾌'라고 부를 수 있다.

이들 세 부류 중 조선에서는 비록 지식인은 아니더라도 오랫동안 책을 취급하며 전문가다운 식견을 가졌던 전문가형 책쾌가 주를 이루었다. 이에 반해 중국에서는 전문가형 책쾌보다 '겸업형 서적 중개상'이 훨씬 많았다.

책쾌가 취급한 서적들은 경서류에서부터 소설책에 이르기까지 다양했으며, 목판본(또는 활자본)보다는 필사본이 주가 되었다. 경전 언해서나 교훈서 등 교육용 서적을 주로 취급하다가 취급 품목이 소설까지 확대되었다. 특히 소설의 경우 중국에서 수입된 것들이 상당했는데, 주로 중상층 지식인들이 심심풀이나 오락을 위해 찾았다. 그런 가운데 19세기 후반부터는 책쾌들이 값싼 소설책들을 전국의 시장을 돌며 가판대에다 놓고 판매하기도 했다.

그러나 근대가 되면서 서점을 통해 일반 대중에게까지 다양한 종류의 서적이 전달되자, 책쾌는 일반인들이 접하기 어려운 고서와 고문서를 취급하며 고급 수요자를 대상으로 거래를 했다. 예를 들어, 양주동梁柱東(1906~77), 조윤제趙潤齊(1904~76), 김동욱金東旭(1922~90) 등 일제 강점기에 고전문학을 연구하던 교수들과 국학 연구자들의 연구실이나 집으로 찾아다니며 상시로 고서를 거래하던 전문 책쾌들이 따로 있었다. 고서 전문 책쾌들은 종로 야시장에 나오는 고본서적[24]이나 지방에 방치되어 있는 서적들을 찾아다니기도 했고, 처분을 원하는 일가의 소장 서적 등을 싸게 구입한 후 그중 희귀본이 있으면 웃돈을 얹어 비싼 값에 팔곤 했다.

2장

망국의
책쾌로
살다

책과 더불어 사는 삶

송신용의 고서 취급 방식은 이전에 활동했던 책쾌들의 방식과 크게 다르지 않았다. 다만 서점이 많이 생겨 서적 중개상의 입지가 줄어들었다는 것이 조선 후기와의 차이점이었다. 하지만 책쾌들에게 서점은 적극적으로 활용하기에 따라서는 오히려 수입원이자 고객이 될 수도 있었다. 오히려 고서에 대한 송신용의 전문적 지식은 서점 입장에서도 도움이 되는 경우가 많았다.

여기에 더해 송신용은 폭넓은 대인관계와 인맥 덕분에 많은 고객을 확보할 수 있었다. 특히 휘문의숙 출신 동문들과 교유하고 여러 사회 인사들과 만남을 지속적으로 가진 것은 그의 삶에도 많은 영향을 미쳤다. 이를테면 송신용과 매우 가깝게 지낸 서예가이자 감식가 오세창吳世昌, 오세창 문하에 드나들며 고서적과 문화재에 대한 안목을 넓혔던 휘문의숙 후배이자 한남서림漢南書林 주인이었던 간송澗松 전형필全鎣弼(1906~62), 그리고 각 분야의 대학교수나 학자들과의 만남은 그에게 커다란 자극이 되고, 방향을 다잡을 수 있는 동인이 되었다. 그들과의 교류 과정에서 송신용은 고서의 산실散失을 안타까워하고 문화재를 보호해야 한다는 확신을 더욱 강하게 키웠고, 그로 말미암아 점점 사라지는 우리말과 고전문학의 유산을 정리해 그것을 후손에게 전해주려는 일에 남다른 사명의식마저 갖게 되었다.

송신용은 서울을 중심으로 왕실가王室家와 관가官家, 저잣거리에 있는 가게 등을 드나들면서 내방가사와 소설류 등의 국학자료들을 취급하며 자기 영역을 공고히 다졌다. 그 과정에서 그는 공부하는 서적 중개상이자, 엘리트로서 다른 서적 중개상들과는 여러 면에서 다른 행보를 보였다. 서적 중개상으로 그의 활동이 두드러지기 시작한 것은 1930년대 중반 이후부터였다.

송신용은 여러 책들을 필사하고, 교주하며, 해제와 발문을 쓰는 일에 적극적으로 달려들었다. 1930년 중후반부터 본격적으로 지인들, 학자들과 교류하며 책을 거래하는 한편, 본인 역시 열심히 공부하고 연구에 몰두한 사실을 여러 자료를 통해 확인할 수 있다. 이 시기는 송신용이 일본 학자들이 주축이 되어 결성한 고서 동호모임인 '서물동호회書物同好會'에 참석하기 시작한 때와도 거의 맞아 떨어진다.

송신용은 자칫 흔적도 없이 사라질 뻔한 국학 관련 각종 고문서들과 고서들을 구하는 일에 심혈을 기울였다. 어렵게 구한 자료들은 그것을 필요로 하는 학자, 교수, 지식인들에게 일정한 돈을 받고 팔았다. 평양의 숭실전문학교에서 교수 생활을 한 양주동은 평양에서 책(고서)을 구하려고 해도 단 몇 권의 책을 구하는 것조차 대단히 어렵다고 고백한 적이 있다. 그러면서 그는 고적古籍을 구하기 위해서는 역시나 그 방면 전문 중개상의 손을 거치는 것이 좋은 방법이라고 소개하기까지 했다. 송신용이 그런 일에 가장 적합한 인물이었음은 두말할 필요가 없다.

평소 송신용이 자주 만난 대학교수 중에는 정인보鄭寅普 (1893~?), 백낙준白樂濬(1895~1985), 이희승李熙昇(1896~1989), 조윤제, 홍이섭洪以燮(1914~74), 김동욱 등이 있었다. 그들과는 친분이 두터워 개인적인 만남을 자주 가졌는데, 그들이 송신용의 집으로 찾아오기도 하고, 송신용이 직접 대학의 연구실로 찾아가기도 했다. 일례로 1956년 2월 7일에 송신용은 1898년에 평안도 삼화부三和府에서 만든 필사본 『삼화부신정사례三和府新定事例』를 들고 이희승의 연구실을 찾았다. 간행연도 등을 적어놓은 필적이 보였지만, 이희승은 자주 거래하던 터라 선뜻 송신용에게 책값을 지불하고 그 책을 구입했다. 이희승은 본문 마지막 장 상단에 연필로 "4289(1956). 2. 7. 宋申用氏로부터 買入 이희승, ₩200,000"이라고 메모했는데 1950년대에 20만 원이라는 금액은 결코 적은 액수가 아니었다. 이 책은 현재 서울대학교 도서관에 소장되어 있다.

송신용은 책을 구하면 어떤 연구자가 그 책을 필요로 할지를 잘 알고 있었기에 그것을 언제, 어디서, 어떻게 구입했는지 기록했다가 연구자들에게 전해주곤 했다. 그는 자신이 팔려고 하는 책의 내용과 가치를 가늠하고 있었기 때문에 그것을 필요로 하는 연구자에게 공급하는 데 어려움이 없었던 것이다. 평소 그는 신문을 반듯이 접어놓고 자녀들에게 절대 찢지 못하게 했다고 하는데, 이 역시 대학교수들에게 관련 자료를 제공하기 위해서였다.

19세기에도 책쾌들은 책이 필요한 이들을 찾아다니는 데 골몰했다. 한말 한학자인 영재寧齋 이건창李建昌(1852~98)이 혜강惠岡 최한기崔漢綺(1803~77)의 독서 편력에 관해 들려준 이야기에서도 그러한 사정을 확인할 수 있다. 최한기는 어디에 좋은 책이 있다는 말을 들으면 값의 고하를 막론하고 눈에 불을 켜고 구했고, 다 읽은 책은 굳이 소장하지 않고 헐값에 판 뒤 그 돈으로 다른 책을 구입했다. 이런 방식으로 최한기는 서울에 들어온 중국의 신간 서적과 서양 서적을 빠짐없이 열람했다.

> 좋은 책이 있다는 것을 들으면 비싼 값을 아끼지 않고 그것을 구
> 입하여 읽었으며, 오랫동안 열광하고는 헐값으로 팔았다. 이 때
> 문에 나라 안의 서쾌들이 다투어 와서 팔기를 요구하였다. 북경
> 서점의 신간 서적들이 서울에 들어오기만 하면 혜강이 열람하지
> 않은 것이 없었다.[1]

19세기 후반을 대표하는 지식인 최한기의 이러한 독서 편력
과 서책의 구입 및 처분 방식은 자연스럽게 책쾌들의 영업 방식
과 상리에도 맞아 떨어졌다. 책쾌 입장에서는 최한기처럼 자주
책을 팔고, 동시에 책을 자주 구입하는 고객을 만나기란 쉽지
않았다.

서적 중개상은 고서의 가치를 평가하고 만들어간 주체이기도
했다. 고서의 값이 따로 정해져 있지 않았기 때문에 서적 중개
상은 고객의 수요와 책의 내용, 고유한 특징, 제작 시기, 희귀성
정도 등을 종합해 고객과 흥정하며 책의 가치를 정해나갔다. 이
러던 것이 20세기 들어서는 고서 유통에 관여된 주체들, 곧 고
서 수집가, 서적 중개상, 고서점 주인, 도서관, 학자 등이 합세
해 종합적으로 책의 가치를 정하게 되었다.

그런데 서적 중개상이 부여하는 책의 가치란 비단 가격뿐이 아니었다. 미처 세상에 알려지지 않았던 책이지만 서적 중개상이 그 책의 가치를 평가하고 세상에 소개함으로써 비로소 진가가 드러나는 경우도 있었다. 책을 직접 필사하거나 별도로 간행하기도 하고, 직접 책의 가치를 평한 글을 발표하거나 교주, 교열, 해제 등의 방법을 통해 책을 새롭게 소개할 때, 책의 가치는 급상승한다. 물론 책을 평가하기 위해서는 서적 중개상들이 기본적으로 한학과 한적, 고문서 등에 대한 소양이 있어야 하고, 책에 대한 전문가적 식견과 안목 또한 필수적으로 갖추어야 했다. 그런 점에서, 직접 책을 연구한 송신용은 다른 서적 중개상들에 비해 돋보일 수밖에 없었다.

이 시기 송신용과 가장 닮은 서적 중개상으로는 한남서림을 설립하고 운영했던 심재心齋 백두용白斗鏞을 들 수 있다. 그 역시 한학에 조예가 깊었고, 공공의 이익을 위해 장서를 팔았으며, 적지 않은 수의 책들을 간행해 세상에 내놓았다.

책으로 쌓은 인맥

서적 중개상들은 책을 통해 뜻밖의 사람을 만나기도 한다. 『논어』에서도 "이문회우以文會友, 이우보인以友輔仁"이라고 말하지 않았던가. 글로써 친구를 만나고, 친구를 통해 자신의 인仁을 보완한다고.

송신용이 가깝게 지낸 인물 중에는 앞서 언급한 오세창 외에도 조병옥趙炳玉(1894~1960), 최영해崔暎海(1914~95) 등이 돋보인다. 3·1운동의 민족대표 33인 중 한 사람이자 서예가 겸 언론인이었던 오세창은 송신용과 친분이 매우 두터웠다. 그는 전서篆書와 예서隸書에 뛰어났고 서화書畵 감식의 대가로 통했다. 국립중앙도서관 소장본 『한양가』 속표지 좌측에는 송신용이 친필로 "4282년 2월 15일 송신용四二八二年二月十五日 宋申用"이라 쓰고, 우측에 "위창 오선생님葦滄吳先生任"이라고 써놓은 흔적이 보인다. 송신용의 호인 '필관'을 지어준 이도 바로 오세창이었다.

최영해는 외솔 최현배의 아들이자 정음사正音社 사장으로 유명하다. 송신용이 정음사에서 간행한 『향토鄕土』에 여러 편의 글을 기고하고, 『한양가』와 『어수록禦睡錄』 등의 책을 정음사에서 출간한 것은 바로 최영해와의 친분 때문이었다. 평소 최영해는 저자들과의 친목관계가 두텁고, 대인관계가 워낙 넓고 좋았기 때문에 송신용과도 가깝게 지냈다.

해방이 되자 일본어가 아닌 한글로 책을 출간할 수 있게 되었지만 정작 한글로 글을 쓸 수 있는 저자를 구하기가 어려운 상황이 한동안 계속되었다. 그러나 정음사는 해방 전부터 출판 기획을 해왔기에 해방 즉시 여러 종의 한글 책의 출간과 함께 고서를 소개하는 일에 집중할 수 있었다. 이런 상황이었으니 최영해가 학식이 깊고 고서까지 취급하던 송신용에게 출판거리를 자주 부탁하는 것은 지극히 자연스러운 일이었다.

정음사가 서울이 아닌 대구에서 『향토』를 간행한 것도 최영해의 동기이자 친구였던 홍이섭이 당시 대구를 거점으로 활동했기 때문이다. 『향토』는 1946년 6월에 창간되어 1949년 1월 통권 제10호로 종간했는데, 역사·언어·풍속에 관한 연구 잡지로 제법 인기가 있었다. 이때 송신용도 『향토』에 여러 편의 글을 기고하고, 새 자료를 소개했다. 최영해와 홍이섭과의 신의信義 때문에라도 더욱 적극적으로 참여했다.

그 밖에도 송신용은 육당 최남선, 시조시인 이병기, 소설가 이광수李光洙(1892~1950)와 박종화 등의 문인과도 자주 어울렸다. 특히 최남선과는 사제지간이었고, 박종화와는 선후배 사이였기 때문에 더욱 각별한 친분을 유지했다. 필요한 책이나 귀중한 책이 있을 때마다 송신용을 통해 구할 수 있었던 그들은 그와 함께 각종 서적 관련 정보를 서로 교환했고 때로는 같이 책을 구하러 다니기도 했다.

가람 이병기는 시조시인으로 널리 알려져 있지만, 서지학 분야에도 높은 식견을 지닌 전문가이며, 상당한 고서 장서량을 자랑하던 장서가였다. 송신용이 가람을 처음 만난 시기는 1930년대 초였던 것으로 보인다. 가람은 1909년부터 1964년까지 약 55년간 일기(『가람일기』)를 썼는데, 그중 1933년 3월 19일자 일기에 송신용이 가람의 집을 찾아간 일이 처음으로 등장한다. 그후 송신용은 가람의 집 문턱이 닳도록 자주 드나들며 책을 매개로 가람을 만났다. 그와 책을 거래하는 것은 물론이고, 때로는 책을 감정하거나 새로운 책을 구하기 위해 함께 서점 나들이를 가기도 했다. 『가람일기』를 통해 확인할 수 있는 이들의 만남은 장서가와 서적 중개상이 어떻게 만나 어떤 이야기를 주고받는지를 상세하게 보여준다.

1934년 2월 9일자 『가람일기』부터 살펴보자. 아직 추위는 여전했지만 모처럼 날씨가 풀린 날이었다. 송신용은 전부터 봐두었던 『이원기로계첩梨園耆老稧帖』을 들고 가람의 집을 찾았다. 화첩 첫 장에는 「처용무도處容舞圖」가 그려져 있는데, 예전부터 가람이 관심을 갖고 있던 책이었다. 가람은 자신이 찾던 화첩을 보고 기쁜 마음에 그 자리에서 돈을 지불하고 구입했다. 그 해가 가기 전 송신용은 맑은 날을 택해 또다시 가람을 찾았다. 일전에 『일동장유가日東壯遊歌』를 보고 싶다고 한 가람의 말이 생각나 얼마 전에 구입한 그 책을 가지고 갔던 것이다. 그때 가람의 집에는 그의 제자인 '매헌梅軒'이 방문해 있었다. 가람은 잘 되었다 싶었는지 송신용에게서 책을 구입하자마자 매헌에게 초권初卷을 필사해달라고 부탁했다. 필요한 책을 어렵게 구했지만 분실의 염려가 있으니 또 한 권 필사해놓아야 안심할 수 있었기 때문이다. 마침 필사를 잘하는 제자 매헌이 찾아왔기에 가람은 그 기회를 놓치지 않았다. 송신용으로서는 때를 잘 맞춘 셈이다.

이 무렵, 날이 갈수록 고서를 찾는 이들이 늘어났다. 책을 찾는 이들이 많아진다는 것은 장사꾼인 송신용 입장에서는 쾌재를 부를 만한 일이었지만 마냥 즐겁지만은 않았다. 구매 희망자의 상당수가 일본인이었기 때문이다. 일본인들은 돈이 남아도는지 승냥이 떼처럼 조선의 온갖 책과 그림, 골동품을 수집하는 데 혈안이 되어 있었다. 이 시기에는 송신용의 선배인 오세창을 비롯해 휘문의숙 후배 간송 전형필 등 뜻있는 지인들이 사재를 털어가며 우리 문화재와 골동서화를 지키기 위해 안간힘을 쓰고 있었다. 송신용 역시 이를 가만히 구경만 할 수는 없었다. 그래서 그가 찾은 방법이 책 판매 시 우선순위를 정하고 이를 따르는 것이었다. 고서를 필요로 하는 우리나라 학자와 연구자, 장서가가 있다면 제일 먼저 그들에게 책의 존재를 알리고 가지고 가는 게 우선이라 생각했다. 한동안 발길이 뜸했던 가람의 집을 다시 찾은 것도 따지고 보면 그러한 이유였다.

1936년 5월 22일, 날은 흐렸지만 송신용은 가람을 찾아갔다. 『경민편해警民編解』를 보여주기 위해서였다. 11월 14일 그는 또 다시 가람을 찾았다. 마침 주말이라 여유를 갖고 가람을 만날 수 있었다. 윤창후尹昌厚의 『야연만록野淵漫錄』 3책과 『수주적록愁州謫錄』 1책을 보여주었다. 가람은 그 책들을 보더니 책 자체는 그리 높게 평가할 것은 못 되지만 수록된 김종수金鍾秀의 「계민가誡民歌」, 「청학음초淸學音抄」는 음미할 만하다고 했다. 가람은 이 책들을 모두 구입했다.

당시 송신용이 유난히 관심을 기울이던 책이 있었다. 서울의 역사와 풍물, 문화, 지리 등을 담아낸 『한경지략』이 바로 그것이었다. 이 책의 저자가 서문에서도 밝혔듯이 서울에서 태어나 서울 역사에 남다른 관심을 갖고 있던 터에 서울 관련 안내서가 없는 현실을 안타까워한 나머지 『동국여지승람東國輿地勝覽』을 기본 텍스트로 삼고, 자신이 직접 고사古事를 틈틈이 수집하고 다른 여러 자료들을 모아 20년 만에 완성한 책이었다. 서울 오부五部 내의 역사를 요약하고, 각 항목 말미에 필자의 견해와 참고 내용들을 '안案'이라는 표시 다음에 적는 방식으로 서술했다.

특기할 만한 점은 송신용이 이 책의 저자를 고증하는 과정이다. 처음 송신용은 서문을 쓴 작가 '수헌거사樹軒居士'를 이병승

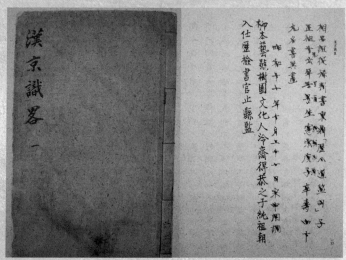

필사본 『한경지략』 제1책(서울대학교 소장) 표지와 서문의 4쪽 | 서울의 역사와 풍물, 문화, 지리 등을 담은 책인 『한경지략』은 송신용의 필사본만이 유일하게 현존한다. 우측의 사진에는 저자고 증과 관련해 처음의 내용을 지우고 좌측에 새로 필사기를 쓴 부분이 보인다.

李秉昇의 아들인 이조묵李祖默으로 여겼다. 그래서 그는 이 책을 필사한 후 말미에 수헌거사를 이조묵으로 적기까지 했다. 그러나 이 책을 본 가람 이병기의 생각은 달랐다. 가람은 『한경지략』 도중에 간간이 저자의 선군先君이 지은 시가 나오는데, 양화도 楊花渡 두 절구絶句가 『한객건연집韓客巾衍集』(권2)에 있는 것이고, 또 정종조正宗朝에 교서관동校書館洞에서 살았으며 그 당호堂號를 고운古芸이라고 했다는 점을 조목조목 들며 수헌거사가 유득공柳得恭(1749~?)의 아들인 유본예柳本藝라고 주장했다. 유본예는 순조 시절에 검서관檢書官을 거쳐 현감을 지낸 인물이다. 가람의 말을 듣고 송신용도 다시 추가로 자료를 찾아보니 유본예가 저자인 것이 거의 분명했다. 이에 그는 자신이 정성껏 필사했던 『한경지략』의 저자 부분에 줄을 그어 지운 뒤 유본예가 저자라고 정정했다.

『한경지략』 원본은 아직 발견되지 않았다. 1936년에 자신이 필사한 후사본後寫本이 현전하는 유일본이 되리라고 송신용은 그 당시 생각이나 했을까. 송신용은 가람과의 친분도 있었고, 또한 평소에도 가람이 이 책에 애착을 보였기 때문에, 비록 자신이 직접 필사를 하고 본문 중간에 원주와 별개로 주석까지 단 책이지만 가람에게 넘겨주었다. 후에 가람은 자신이 소장한 모든 고서를 서울대학교에 기증했는데 『한경지략』도 그 속에 포함되어 있었다. 송신용이 필사한 2권 2책의 『한경지략』이 현재 서울대학교 규장각에 소장되어 있는 까닭이 바로 이 때문이다.

『한경지략』에는 필사자 송신용이 직접 작가를 고증한 부분은 물론, 추가로 주를 삽입한 여러 흔적이 고스란히 남아 있다. 송신용은 연도 등 잘못된 기록이 보이면 줄을 긋고 그 옆에다 정정한 내용을 덧붙여 썼는가 하면 작은 글씨로 부연설명을 한 후 자신이 적은 것임을 밝혀놓았다. 필사 도중 실수로 원문 두 줄을 빠뜨린 것을 필사가 끝난 후 발견했는지, 해당 면 우측 여백 부분에다 누락된 문장을 기입하고, 그 문장이 원래 들어가 있어야 할 부분으로 화살표를 그어 표시하기도 했다. 그런가 하면 4만 권의 장서를 소장한 이로 유명했던 심상규沈象奎(1766~1838)의 호인 '심두실沈斗室'이 본문에 보이자, "심두실의 저택은 지금 건축 예정인 간동諫洞 천향각天香閣 땅에 있었다"라는 설명을 덧붙이기도 했다. 또한 설명이 필요하다는 생각이 들 때마다 그 내용을 본문에 추가한 뒤 "송신용 조사宋申用調査"라고 밝혔으며, 고증하면서 잘못 기술했다고 판단된 부분은 과감히 지우기도 했다.

이쯤 되면 송신용은 필사자라기보다는 거의 재야 학자에 가까워 보인다. 가람과 작가 고증 문제로 여러 차례 토론까지 한 점을 보더라도 마찬가지다. 그런데 정작 송신용은 이렇듯 주를 달고 자신이 한 일임을 밝히면서 자신의 신분을 '책상冊商'이라고 당당히 드러냈다는 점에서 그가 책쾌로서의 삶에 무척이나 자부심을 가지고 있었다는 사실을 다시 한 번 확인할 수 있다.

1937년 7월, 어느 토요일의 『가람일기』를 보자. 흐리고 비가 오는 날이었지만, 송신용은 1933년에 타계한 위관韋觀 이용기李用基가 편찬한 『악부樂府』 2권을 들고 가람을 찾아갔다. 원래 『악부』는 이용기가 다년간 수고하여 가사 · 잡가 · 패설稗說 등을 수집하여 초록抄錄한 책으로, 수록된 작품 수가 상당했다. 송신용은 그 책값으로 400원을 불렀다. 그러나 가람이 보니 작품을 누덕누덕 붙여놓은 데다 책 전반에 걸쳐 천착舛錯하거나 잘못 기록된 부분이 많고, 더구나 자신이 이미 갖고 있는 작품들이 대부분이었다. 그래서 가람은 그중 「부상인사負商人事」, 「오입쟁이 격식」, 「봉도奉導소리」, 「떳다보」 등 일부 작품을 그 자리에서 베껴 적고 구입하지는 않았다. 원래 이 『악부』는 노산鷺山 이은상李殷相이 이용기에게 20원을 주고 직접 사갔던 것인데, 어떤 이유인지 몰라도 그 책이 송신용 손에 들어왔고, 그사이 값이 껑충 뛰어 가람에게까지 간 것이었다.

이때 가람이 베껴 적은 작품들은 대단히 가치 있는 것들이었다. 「부상인사」는 원래 등짐장수인 '부상負商' 들 사이에서 입말로 전하던 일종의 관습적인 인사말이었다. 송신용도 15~16세

무렵에 「부상인사」의 내용을 부상을 하던 친구가 암송하는 것을 들은 적이 있었다. 그는 40여 년이 지나 우연히 『악부』에 「부상인사」가 기록되어 있는 것을 보고는 옛 기억을 떠올리며 이를 초록했다가 1947년 『향토』에 고전 작품을 소개할 기회가 오자 「부상인사」를 게재하기도 했다. 이미 그 당시에는 부상들의 인사법을 아는 이가 거의 없었다.

송신용은 「부상인사」 외에도 『악부』에 적혀 있던 「오입쟁이 격식」도 『향토』에 소개했다. 「오입쟁이 격식」은 기방을 출입하는 데 필요한 격식을 적은 것으로, 이를 알지 못하면 예법을 모른다 하여 봉변당하기 십상이었다. 그 현장을 실감나게 재현한 것이 바로 「오입쟁이 격식」이다. 사실 『악부』의 편찬자인 이용기가 서울 토박이인 데다 서울 기생들이 모두 알 정도로 풍류를 즐기던 위인이었기에 이런 풍속을 기록할 수 있었던 것이다. 기방 출입 시 사용하던 이러한 격식은 이능화李能和(1869~1945)의 『조선해어화사朝鮮解語花史』, 『게우사』(일명 무숙이 타령), 홍명희洪命憙(1888~1968)의 『임꺽정』 등에서도 소개되었다. 그만큼 흥미롭고 특수한 인사법으로 세간의 흥미를 끌었던 것이다.

송신용은 얼마 후 다시 가람을 찾았다. 『악부』를 가람이 시큰둥하게 보았다고 여겼기 때문이었는지, 한석봉韓石峯이 직접 쓴 한 권짜리 『천자문千字文』을 가지고 갔다. 이번에는 성공이었다.

가람은 그 책을 반가워하며 그 자리에서 돈을 지불하고 구입했다. 그 후로도 송신용은 시간이 될 때마다, 좋은 책이 나타날 때마다 가람을 찾아가 책을 안주 삼아 고담준론을 나누곤 했다.

1940년 1월 어느 날, 흐렸지만 내린 눈이 녹을 만큼 날씨가 많이 풀린 날이었다. 송신용은 가람과 함께 홍순민洪淳敏이 운영하는 서점에 들렀다. 마침 홍순민이 집에 볼일이 있어 갔다 온다고 해 두 사람은 한 시간이나 그를 기다려야 했다. 돌아온 홍순민은 자신을 오랫동안 기다린 그들이 그냥 돌아가는 게 안타까웠는지 그들에게 찾는 책이 있는지 물어보며 이런저런 이야기를 나누었다. 그러다가 화제가 판본으로 바뀌었고, 북송판北宋版 대장경에 관한 이야기로 재미가 한창 피어올랐다.

그러던 중 흥이 났는지 홍순민이 보여줄 것이 있다며 골방에 들어가 궤 문을 열고 오동갑梧桐匣을 한 아름 안고 나왔다. 오동갑을 열어보니 『약사여래경藥師如來經』이 제일 먼저 눈에 들어왔다. 그것은 숙종肅宗 7년(1681)의 흥왕사판興王寺版으로 대각국사大覺國師가 찬한 『속장경續藏經』 중 하나였다. 그런가 하면 공민왕恭愍王이 직접 썼다는 『취지은자서경翠紙銀字書經』과 백운산인白雲山人의 『취지황지서翠紙黃紙書』·『십륙나한화첩十六羅漢畵帖』 등도 눈에 띄었다. 송신용과 가람은 책들을 보며 시간 가는 줄 모르고 이야기를 나누었다. 그들은 굳이 책을 사지 않더라도 새로운 책을 읽고, 손으로 만질 수 있는 것만으로도 배가 부르고 행복했다. 이렇듯 『가람일기』에는 책을 매개로 우정을 꽃피운 따뜻한 기록들이 곳곳에 남아 있다. 송신용에게 가람은 단골 고객이기 전에 소중한 지우이자 스승이었다. 두 사람은 단순히 책을 사고파는 관계가 아니라 고서에 대한 정보를 나누며 서로의 식견에 감탄하기도 했던 특별한 관계였다.

송신용이 책을 통해 자신의 먼 인척지간인 송헌석宋憲奭을 만난 것도 바로 그러한 경우라 할 수 있다. 송헌석은 다재다능한 인물이었는데, 송신용은 그를 높이 평가했던 것 같다. 당시 송신용은 송헌석의 책에 남다른 관심을 갖고 이를 세상에 알리려고 노력했다. 두 사람은 어쩌면 생전에 서로 만났는지도 모른다. 송헌석이 1910년대부터 여러 외국어 교재를 집필하고, 교육계에 종사하고, 소설을 쓰기도 했던 만큼 책을 취급하던 송신용과 알고 지냈을 가능성이 높다.

송헌석은 명륜동에 있던 불교계 고등교육기관인 중앙학림에서 국어와 일본어 교사로 근무한 적이 있다(1915~22). 1918년 간행된 이능화의 『한국불교통사韓國佛敎通史』에서는 비슷한 시기에 송헌석이 불교진흥회 간사로도 활동했던 사실을 전해준다. 이때 이 단체의 간사 중에는 장지연, 이능화, 양건식梁健植 등이 있었다. 송헌석은 불자로서 불교계와 인연을 맺고 활발히 활동한 것으로 보인다.

그렇지만 송헌석의 장기長技가 가장 돋보인 분야는 외국어 교육이었다. 그는 조선어·일본어·중국어 등 외국어 문법 교재를 여러 차례 편찬하고 간행했는데, 아직 외국어 교재가 개발되지 못했던 초창기에 외국어 교육에 상당한 식견을 갖춘 전문가로서 가히 개화기 외국어 교육의 기초를 다진 인물로 평가할 만하다. 그가 펴낸 어학 문법 교재 중 『초등자해일어문법初等自解日語文法』(1909), 『정선일한어문자통精選日韓語文自通』(1909), 『증정개판중등일문법增訂改版中等日文法』(1913), 『상밀주석통감언해詳密註釋通鑑諺解』(1914), 『자습완벽지나어집성自習完璧支那語集成』(1921) 등은 초기 외국어 교재 분야에서 중요한 자료로 평가되고 있다. 그 밖에도 그는 지리서인 『수진독해육대주袖珍讀解六大洲』(1909), 『이솝우화』를 번역한 『이소보공전격언伊蘇普空前格言』(1911), 역사서인 『여말충현록麗末忠賢錄』(1928) 등을 집필했다.

송헌석은 소설 창작에도 관심이 많았다. 그가 직접 창작한 소설 『병인양요丙寅洋擾』는 1928년에 덕흥서림德興書林에서 구활자본으로 간행되었다. 이 책에는 '일명한장군전一名韓將軍傳'이라는 부제가 붙어 있는데, 1866년 병인양요 당시 강화도에 침입한 프랑스군을 문수산성에서 격파한 한성근韓聖根(1833~1905)의 일대기를 그린 일종의 전기傳記소설이자 역사영웅소설이다.

이 책은 현재 서울대학교 도서관과 우석대학교 도서관에 동일본이 소장되어 있다. 그런데 한 가지 흥미로운 사실은 이 작품의 주인공인 한성근과 송헌석이 옹서지간翁壻之間(장인과 사위)이라는 점이다. 송헌석이 자신의 장인인 한성근의 일대기를 소재삼아 신작 구소설을 창작한 셈이다.

또한 송헌석은 이해조의 『옥중화』를 개작해 「옥중향獄中香」이라는 제명으로 전매청에서 발행하던 잡지인 『전매통보專賣通報』에 발표했다. 최근에 「옥중향」 이본이 발견되어 그 전모를 소개한 바 있다.[2] 이뿐 아니라 그는 1929년에 문화서림文化書林에서 『장개석실기蔣介石實記』를 출간했다. 이 책은 조선총독부 경무국 검열에 걸려 금서 목록에 올랐는데, 그 실물과 내용은 확인할 수 없다. 해방 이후에도 송헌석은 계속 창작에 심혈을 기울여 소설 『미인의 일생』(1963)을 덕흥서림에서 발표하기도 했다.

지금까지 학계에서는 송헌석에 관한 연구가 별반 이루어지지 않았지만, 외국어 교육과 신작 구소설 창작에 정성을 쏟았던 개화기 지식인으로서 송헌석을 재평가할 필요가 있다.

송신용은 먼 친척관계인 송헌석의 책을 구하고, 보전하기 위해 애정을 쏟았다. 그는 1957년 돈암교를 지나다 노점에서 송헌석의 『병인양요』를 발견했는데, 그때 그가 느꼈을 기쁨을 쉽게 상상할 수 있다. 그는 그 책을 사 가지고와 구입한 경위를 적

『병인양요』와 『미인의 일생』 표지 | 송신용과 먼 인척지간인 송헌석이 지은 책들로, 송신용은 송헌석의 책을 구하고 보전하기 위해 애정을 쏟았다.

어놓았다. 마치 잃어버렸던 물건을 다시 찾았을 때의 감격과 기쁨을 오롯이 맛보면서 말이다. 그도 그럴 것이 그 어디에서도 『병인양요』를 구할 수 없었기 때문이다. 게다가 현전하는 「옥중향」은 『전매통보』에 10여 회 나눠 연재됐던 것을 누군가가 한데 모아 제본한 뒤 표지를 덧대고 제목을 써서 책 형태로 만든 것이다. 이는 누군가가 일부러 정성을 들여 따로 제본했음을 의미한다. 단언하기 어렵지만, 겉표지에 손으로 쓴 제목의 필체가 송신용의 그것과 동일하다. 또한 연속간행물에 월별로 나눠 게재된 것을 그 부분만 떼어내 한곳에 모아 제본한 것만 보아도 송신용처럼 그 작품에 특별한 애정을 가진 자라야 그렇게까지 공력을 들일 수 있었을 것이다. 때로는 심증이 물증보다 더 확실할 수 있다.

'서물동호회'에서의 활동

송신용의 행적 중에 또 하나 눈에 띄는 것이 있다. 송신용은 일본인 서지書誌학자와 고서 수집가 등이 중심이 되어 만든, 한국 고문서를 수집하고 연구하는 모임인 '서물동호회' 회원으로 활동했다. 서물동호회에서의 활동은 서적을 다루는 송신용에게 많은 도움을 주었다. 그는 이곳에서 고서 수집 관련 정보와 서책에 대한 전문 감식안을 배우고 자신의 노하우를 펼쳐보일 수 있었다. 그가 어떤 연유에서 일본인 장서가들의 모임에 참여하게 되었는지 그 구체적 내력은 확인할 길이 없지만, 책에 대한 애정이 그를 일본인들의 모임에까지 이끌었으리라 생각한다.

'쇼모츠 도고가이'라고 부르던 이 모임은 1937년에 일본인 서지 애호가들이 주축이 되어 만들어졌다. 이들은 1937년 5월 5일 남대문로[南大門通] 청목당靑木堂(현재의 제일은행 본점 근처)에서 창립총회를 열고, 기쿠치 겐조[菊池謙讓]의 『목민심서牧民心書』와 『사소절士小節』 강연으로 모임을 시작했다. 이때 참여한 일본인은 이시마[飯島滋次郎]·오카다 고우[岡田貢]·기시켄[岸謙]·구로다[黑田幹一]·사쿠라이 요시유키[櫻井義之]·스에마쓰 야스카즈[末松保和]·세키노 신기치[關野眞吉]·나카기리 이사오[中吉功]·야마다 후지마쓰[山田富士松] 등이었다.

창립모임을 가진 다음 해인 1938년 7월에는 『서물동호회회보』가 처음으로 간행되었다. 그들은 창간호에서 유구한 역사와 문화 수준을 보여주는 한국의 서적 연구를 통해 한국 문화를 알리는 것이 설립취지라고 밝혔다. 매달 첫 번째 금요일에 모임을 가졌고, 서지학 관련 주제를 발표한 후 그것을 회보에 싣는 방식으로 운영되었다. 『서물동호회회보』는 꽤 활발하게 발행되었지만 1943년 12월에 20호를 마지막으로 발간이 중단되었다.

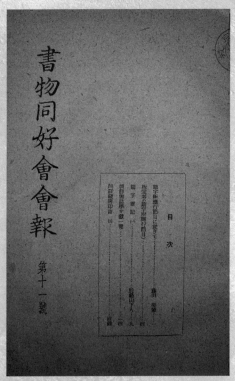

『서물동호회회보』 표지 | 송신용은, 일본인 서지학자와 고서 수집가들이 중심이 되어 조선의 고문서를 수집하고 연구하고자 만든 모임인 서물동호회의 회원으로 활동하기도 했다.

그런데 이 모임은 이중적인 성격을 지녔다. 서물동호회는 회보 발간 등을 통해 우리 고전과 서적 연구에 대한 관심을 높였다고 평가를 할 수 있지만, 다른 한편으로 동호회 회원인 일본인들이 우리나라 서적의 가치를 확인하고 일본으로 반출하는 계기가 되기도 했던 것이다. 이처럼 해방 이전에 우리나라에 머물렀던 일본인 중 많은 사람들이 상당수의 우리 고서적과 서화, 골동품 등을 가지고 일본으로 돌아갔다. 잘 알려진 대로 향가 해석으로 주가를 높였던 오구라 신페이[小倉進平], 추사 김정희 연구의 대가였던 후지즈카 지카시[藤塚隣], 조선사를 연구했던 이마니시 류[今西龍], 다산 연구가이자 법학 전문가였던 아사미 린타로[淺見倫太郎], 유명한 의사학자醫史學者이자 경성제대 의학부 교수였던 미키 사카에[三木榮] 등이 가지고 간 국내 고서적은 이루 헤아릴 수 없을 정도였다.

서물동호회에 참여했던 한국인 중에는 휘문의숙을 졸업한 학산鶴山 이인영李仁榮(1911~?)도 있었다. 휘문의숙의 동문이자 서물동호회 회원으로 함께 활동한 데다 송신용의 책 거래 명부에 이인영의 부인에게 책을 팔았다는 기록이 있는 것 등으로 미루어볼 때 두 사람은 평소 잘 알고 지낸 사이였음이 틀림없다. 이인영은 일본에 우리나라 문화재가 흘러들어가는 것을 막기 위해 많은 골동품과 활자본을 수집한 학자 중 한 사람이었는데,

특히 서지학·활자 연구와 한국 만주 관계사에 관한 한 내로라
하던 연구자였다. 따라서 그가 서물동호회에 참여해 활동한 이
유를 학문적 관심과 문화재 보호에서 찾을 수 있는 것이다. 송
신용 역시 이인영과 비슷한 이유에서 모임에 참여했던 것으로
보인다. 이 밖에도 민속학자 송석하宋錫夏(1904~48), 조각가 안
규응安奎應 등이 『서물동호회회보』에 여러 편의 글을 발표했다.

　이처럼 각종 서적과 고서, 고문서가 일본인들과 서양인들에
의해 외국으로 반출되고 산실되었는데, 결과적으로 그나마 현재
일부 서적이 남을 수 있었던 것은, 뜻있는 지식인(오세창, 전형필,
이인영 등)들과 송신용 같은 서적 중개상들이 있었기 때문이다.

　이 시기 송신용은 필사에도 많은 공을 들였다. 국립중앙도서
관에 소장되어 있는 「피생명몽록皮生冥夢錄」과 「배시황전裵是愰
傳」은 송신용이 1940년에 필사한 고전소설들이다. 이 필사본은
각각 몽유록계 소설(꿈속에서 일어난 사건을 내용으로 한다)과 역사소
설로 고전소설사에서 중요한 위치를 점하는 문학 작품들이다.
「피생명몽록」은 임진왜란으로 인해 생겨난 유골의 수장收藏 문
제를 소재로 하여 당시의 부패관료인 이극신李克信을 풍자하고
비판한 작자미상의 몽유록 작품으로, 현전하는 「피생명몽록」
이본은 송신용 필사본과 북한 김일성대학교 소장 『화몽집花夢
集』에 실려 있는 필사본 등 두 종이 있다. 그러나 『화몽집』의

「피생명몽록」은 작품 전반부 중 일부만이 남아 있는 불완전한 본이므로 송신용 필사본이 유일본이라 해도 좋을 듯하다.

송신용은 작품을 필사한 후 필사기筆寫記를 종종 남겼다. 그 중에는 자신이 살던 집주소를 명기한 것도 있는데 「피생명몽록」이 그 좋은 예가 된다. 그 필사기에 의하면, 송신용이 살던 곳은 관동정館洞町, 곧 지금의 독립문 근처인 영천동 일대였다. 관동館洞이란 명칭은 모화관慕華館(독립문)이 있었기 때문에 붙여진 이름이다. 「피생명몽록」에 적혀 있는 주소는 '관동정 163통 108호'이다. 해방 직후에 아현동에 위치한 한옥집으로 이사하기 전인 1930년대 중후반부터 10여 년간 송신용이 영천동에서 살았음을 보여주는 중요한 증거가 된다.

송신용이 필사한 「배시황전」은 그를 이해하는 데 도움이 되는 또 다른 단서가 된다. 「배시황전」 필사본은 한문본뿐 아니라 국문본도 함께 존재하는데, 국문본을 먼저 필사한 후, 「배시황전」 이본을 한 곳에 모으기 위해 성해응의 『연경재전집』에 수록되어 있던 한문본을 연이어 필사해놓았다. 그리고 송신용은 한문본 마지막 부분에 한문본 「배시황전」의 원출처가 성해응成海應(1760~1839)의 문집인 『연경재전집研經齋全集』 「초사담헌草榭談獻」 2책 중 하책下冊 1절임을 밝혀놓았다. 그런데 여기서 흥미로운 사실은 「배시황전」 국문본이 송신용의 국문 필체를 볼 수 있는 유일한 자료라는 점이다. 그는 주로 한문으로 표기했기 때문에 국문으로 된 그의 글을 여간해서 찾을 수 없다. 하지만 정작 그의 국문 필사본을 보면 과연 송신용을 전문적인 필사가라고 말할 수 있을까 싶을 정도로 서체가 세련되지도 가지런하지도 못하다. 실제로 송신용이 주위 사람들에게서 유식하지만 국문 글씨는 잘 못쓴다는 소리를 종종 들었다고 하는데 그 이유를 이 국문 필사본을 통해 짐작해볼 수 있다.

조선총독부 도서관

1930년대에 송신용은 지금의 국립중앙도서관의 전신인 조선총독부 도서관을 드나들었다. 당시 서적 중개상에게 조선총독부 도서관은 주요 고객이나 마찬가지였다. 1905년 서울에만 4,000개가 넘는 학교와 도서실을 부설한 곳이 생겨났지만, 근대적 도서관은 1906년에 거의 동시에 설립된 평양의 대동서관大同書館과 서울의 대한도서관이 처음이었다. 그 후 1920년에 윤익선尹益善과 이범승李範昇이 지금의 서울 종로도서관의 전신인 사립 경성도서관을 설립해 조선인을 위한 도서관을 운영할 때까지 1910년대에 존재했던 도서관은 일본인이 일본인을 위해 설립하고 운영했던 개인문고와 학교 내 부속도서관, 지방의 교육회

도서관 정도가 전부였다.

이런 상황에서 조선총독부 도서관이 1925년 4월에 개관했다. 이것은 일제가 1910년대 무단통치 방식의 실패를 인정하고 문화통치로 바꾼 후 도서관을 통치 도구로 활용하기 위해 만든 작품이었다. 그러나 개관 당시 장서라고는 조선총독부에서 불하拂下받은 사무용 도서 1만 권을 포함해 1만 2,000여 권에 불과했다.[3] 직원도 일본인 임원을 포함해 사서로 실질적 업무를 담당했던 조선인까지 합쳐 모두 열아홉 명이었다. 그러던 것이 해마다 장서량이 1만 권씩 증가하여 1931년에는 10만 권이 넘게 되었다. 직원 또한 증원하여 1940년 무렵에는 개관 때보다 네 배 많은 77명으로 늘었는데, 그중 54명이 조선인이었다. 그런데 이처럼 장서량이 급증할 수 있었던 데에는 서적 중개상들의 납품이 적지 않은 역할을 했다. 1920년대 후반 세책점들이 모두 문을 닫으면서 쏟아진 책들을 서적 중개상들이 개인에게 건네기도 했지만, 조선총독부 도서관으로 가지고 간 것도 많았다. 조선총독부 도서관을 수시로 드나들며 수레로 실어다 납품하던 서적 중개상들 중에는 김효식金孝植이 가장 으뜸이었다.

이렇듯 많은 책들이 조선총독부 도서관으로 들어간 데는 몇 가지 이유가 있다. 도서관 입장에서는 그래도 조선 제일의 국립 도서관으로서 그 체면을 세워야 했기에 장서량을 늘릴 요량으로 조선의 문헌을 마구 수집할 수밖에 없었다. 더욱이 1910년대 일본의 우민화정책으로 1920년대까지 조선인 식자율은 25퍼센트에도 미치지 못했으며, 그중 여성은 2퍼센트에 불과했다. 일부조선 지식인들과 학생들을 제외하고 책을 읽을 만한 독자가 많지 않았던 것이다. 이런 상황이었으니 도서관에 책을 납품하는 것은 서적 중개상으로서는 남는 장사였다. 송신용 역시 그런 이유로 가끔씩 조선총독부 도서관을 드나들었던 것으로 보인다. 하지만 그의 주요 고객은 대개 조선 지식인들과 학자들이었다.

조선총독부 도서관의 장서들은 1945년 해방과 더불어 고스란히 서울에 남아 국립중앙도서관 소유로 승계되었다. 1930년대 후반과 1940년에 송신용이 필사한 『강도몽유록江都夢遊錄』·「피생명몽록」·「배시황전」 등이 국립중앙도서관에 들어가게 된 경로가 자못 궁금하기만 하다.

필사벽

송신용의 학자다운 면모는 직업과 별개로 그의 생활습관에서도 쉽게 찾아볼 수 있다. 그는 평소 책을 항상 옆에 끼고 있었는데, 특히 가까이 두고 수시로 들쳐보던 책은 옥편과 두 권짜리 족보 사전인 『만성보萬姓譜』였다. 『만성보』는 온갖 성씨姓氏의 계보를 모아 엮은 책으로 각 성씨의 관향별로 시조 이하 중조, 파조 등을 파악하거나 인물을 연구하는 데 유용했다.

송신용은 한자漢子 한 글자라도 정확히 그 뜻을 알고 있어야 했다. 대충 이해하고 넘어가지 못하는 성격이었다. 그래서 수시로 옥편과 족보를 찾아가며 의심나는 것을 확인하고, 내용의 사실 여부를 고증하려 했다. 책과 관련해서는 그 누구보다도 깐깐하고 고집스러웠기 때문에, 송신용은 읽고 있는 고서에서 틀린 글자나 표현, 사실관계를 늘 체크하고 메모하는 습관을 지니고 있었다. 그가 취급했던 책들마다 그의 소장기所藏記나 필사기가 남아 있고, 특별히 교주나 교열에 심혈을 기울였던 이유도 평소 그의 습관에서 기인한 것이다.

1930년 후반부터 1950년대 말까지 그가 필사본과 인쇄매체를 통해 활발히 글을 남길 수 있었던 배경 역시 이러한 습관과 성격이 토대가 되었다. 특히 해방 이후인 1940년대 후반에 송신용은 그의 생애에서 가장 왕성하게 글을 써서 지면에 실었고, 교주하고 교열한 결과를 발표했다. 그의 나이 50대 중후반에서 60대 후반에 해당하는 시기였으니, 직업과 인생에서 모두 원숙한 경지에 다다른 때이기도 했다.

1940년대 후반 송신용이 지면에 여러 편의 글을 남긴 데에는 해방 직후에 서적 유통이 고서점을 중심으로 발달한 것과 무관

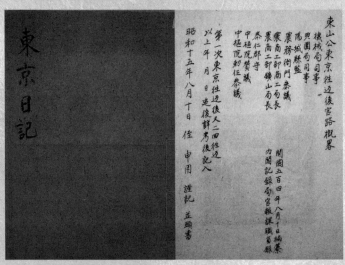

東山公東京往返後宮路概畧
橫城郡司事一
興園郡司事
陽城縣監
農務衙門參議
農商工部商工局長
農商工部鑛山局長
奉仁郡守
中樞院贊議
中樞院勅任參議

開國五百四年八月十日編纂
內閣記錄局官報課職首錄

第一次東京往返後又二回往返
以上年 月 日延後詳考後記入
昭和十五年 八月 十日 任 申用 謹記 並顯書

東京日記

필사본 「동경일기」(서울대학교 소장) 표지와 본문 | 송신용의 백부 송헌빈이 19세기 말 신사유람단의 일원으로 일본에 다녀와 쓴 견문록인 「동경일기」를 필사한 것으로, 우측의 사진에는 송신용이 필사하고 병기했다는 내용이 있다.

하지 않다. 해방 직후는 혼란기였다. 이 때문에 신간 서적이 드물었을 뿐 아니라, 드문 한글 서적 중에서도 사상서 등이 상대적으로 부족했다. 새로운 시대와 사상을 담은 신간이 출판되기까지는 최소 몇 년의 시간이 필요했다. 이러한 시대적 상황에서 일제 강점기에 꼭꼭 숨겨진 옛 책들이 세상에 쏟아지자, 고서점과 서적 중개상들은 그러한 책들을 소개함과 동시에 새로운 읽을거리를 제공했다. 또한 그런 활동 가운데에서 그들은 새로운 환경에 적응하는 방법도 함께 터득했다.

1930년대 후반에 『한경지략』을 필사하고 작가를 고증한 송신용은 그의 백부 송헌빈이 19세기 말에 신사유람단의 일원으로 일본에 다녀와 쓴 견문록인 『동경일기』를 1940년에 다시금 필사하고 본문에 주를 다는 작업을 했다. 친부모처럼 자신을 보살피고 후원한 송헌빈의 열의와 공력이 배어 있는 책이라 더욱 정성껏 필사했을 것이다. 이 필사본은 현재 서울대학교 도서관에 소장되어 있다.

『동경일기』에는 이원회李元會를 비롯한 정식위원 열두 명과 홍영식洪英植·어윤중魚允中·유길준兪吉濬·윤치호尹致昊 등 수원隨員·통사通事·종인從人들이 1881년(고종 18) 3월 11일에 출발하여 4월 11일 일본 나가사키[長崎]에 도착한 뒤 도쿄[東京]를 비롯한 요코하마[橫濱]·오사카[大阪] 등지의 신식 제도와 시설 등을 시찰하고 윤7월 1일 일본을 떠나 부산을 경유, 7월 22일 여주군驪州郡 금사면金沙面에 도착한 내용이 자세하게 기록되어 있다. 또한 이 책에는 설탕제조법·폭발물제조법·염산제조법 등 여러 가지 과학실험이 그림과 함께 상세히 기록되어 있어 이를 통해 약간이지만 신문물 수용 과정도 엿볼 수도 있다.

서적 중개상과 명기집략 사건

서적 중개상은 상인이기 이전에 자신의 일에 남다른 소신과 열정을
갖고 활동했던 지식인이었다. 그들이 끈질기게 생명력을 유지한 것도
그 소신과 열정 때문이라 할 수 있다. 특히 일제 강점기에서 민족의
영혼이나 마찬가지인 고서를 다루는 서적 중개업을 한다는 것 자체가
하나의 모험이자 투쟁이었다. 이러한 불굴의 정신은 조선 후기의 서
적 중개상 또한 그대로 갖추고 있었다. 서적을 다루는 일이 목숨과도
관련이 있다는 사실을 극명하게 보여준 사건이 바로 영조 대에 일어
난 '명기집략 사건'이다. 이 사건으로 수백 명의 서적 중개상이 붙잡
혀 죽거나 귀양을 갔지만 서적 중개상의 활동은 중단되지 않았다.

'명기집략 사건'은 그 전말이 『영조실록』을 비롯해 『승정원일기』,
『수서잡지修書雜志』[4) 등에 비교적 자세히 정리되어 있다. 그때까지
만 해도 서적 중개상과 고객 사이에 행해지던 서적 거래가 수면 위로
드러나지 않았다. 그런데 이 일을 기화로 그들의 구체적 활동상이 드
러났고, 당시 서적 유통의 사회적 영향력이 어떠했는지를 분명히 알
수 있게 되었다.

1771년(영조 47) 5월 26일, '명기집략 사건'에 연루된 여러 사람들
이 비참한 최후를 맞이했다. 사대부 중에는 당대 이름 높던 문인 이

윤영李胤英(1714~59)의 아들이자 연암 박지원의 절친한 친구였던 이희천李羲天(1738~71)을 비롯해 정림鄭霖, 윤혁尹爀, 책쾌 배경도裵景度 등이 서울 청파교에서 효시되었다. 이들의 목은 사흘간 장대에 매달렸고, 처자식들은 모두 흑산도로 보내져 평생 관노비로 살게 했다. 그러나 이것은 명기집략 사건의 서막에 불과했다.

원래 『명기집략明紀輯略』은 청나라의 주린朱璘이 지은 역사책 으로 내용 중에 조선의 태조인 이성계가 고려 말의 권신 이인임李仁任의 아들이라고 모독한 문구가 들어 있었다. 이 사실을 확인한 조선의 왕실은 이 책을 금서로 지정하고 유통을 금지시켰다. 그런데 이 책이 이미 조선에 적지 않게 수입된 사실이 밝혀지자, 이에 크게 노한 영조가 이 책을 모두 불태우고 이를 유통시킨 책쾌들과 책을 구입한 장본인들, 그리고 그 가족들까지 잡아들여 죽이거나 유배를 보내게 한 것이 바로 '명기집략 사건'이다.

이 사건은 당시 조정과 사회에 적지 않은 영향을 미쳤다. 그런데 이렇게 참혹한 형벌을 받은 죄인들의 죄목은 단지 국가에서 금지하는 서책을 소지했다는 것이었다. 영조는 우의정 김상철金相喆을 청나라에 사신으로 보내 주린을 처벌할 것과 『명기집략』을 훼판毀板하고 소각할 것을 요구하고, 이 책을 수입해온 세 사신을 삭직하는 조처를 취했다. 또한 민간에서 소장하고 있는 『명기집략』을 포함한 주린의 책들을 자진 헌납케 했는데, 책을 반납한 이들은 영의정을 비롯한 3정승과 판서까지 포함해 그 인원이 무려 75명에 이르렀다. 이들이 바친 서책도 열 가지가 넘었다. 그리 유명하지도 않았던 책들이 내로라하는 조선 사대부의 서가에 제법 많이 꽂혀 있었던 것이다.

『영조실록』에서는 이 사건을 전후해 사형당한 사람들이 "백 명에 달했다"고 했고, 『이향견문록』에서는 "나라 안의 책장수가 모두 죽게 되었다"[5]고 하여 책쾌의 씨가 마를 정도로 그 피해가 심각했음을 전하고 있다. 이 사건을 통해 확연해진 사실은 책을 가지고 있던 사람들보다 책을 유통시킨 이들을 더 문제시했다는 점이다. 영조는 지방에서도 불온서적들이 유통되지 않도록 지시하고, 포도청에 명해 책쾌를 철저히 조사해 서적 유통을 금하게 했으며, 더불어 책쾌를 닥치는 대로 붙잡아 곤장을 친 뒤 수군水軍으로 만들도록 했다.[6] 책쾌에 대한 마녀사냥이었다.

'명기집략 사건'으로 중국에서 책을 수입해 들여오던 역관과 국내 유통을 책임지던 책쾌의 관계가 수면 위로 떠올랐다. 끔찍한 사건이었지만, 이 사건을 통해 당대에 활동하던 책쾌의 수가 어느 정도였는지 그 실체가 간접적으로 드러났다. 역관-책쾌-독자로 이어지는 유통 체계가 생각보다 광범위하고 유기적으로 연결되어 있음을 알게 되었던 것이다.

이 사건 이후 수입 서적들에 대한 검열이 한층 강화되자 역관들의 서적 수입 활동은 상당히 위축되었다. 또한 서적의 종류에 따라서는 중국에서 서적을 들여와 국내에 공급하는 일이 음성적으로 이루어지기도 했다. 이때 살아남은 책쾌들은 뿔뿔이 흩어졌고, 책쾌라는 사실을 숨기고 지내야만 했다. 그러나 책쾌가 몸을 사리고 깊숙이 숨어버리자, 안달이 난 쪽은 서적 중개상이 아니라 오히려 책을 필요로 하는 고객들과 지식인들이었다. 서적 유통의 검열이 강화되고, 개인적 거래가 어려워지자, 정작 책을 구하려는 이들은 더욱 책쾌에 의존할 수밖에 없었다. 그런 상황이 얼마나 지속되었을까?

명기집략 사건이 일어난 지 13년이 지난 1784년 어느 날, 유만주는 조신선을 만나 자신이 읽고 싶은 책들을 구해달라고 부탁했다. 그것도 당시 중국에서 갓 출간된 신간 도서까지 보고 싶다는 말까지 곁들이면서 말이다. 이때 유만주가 주문한 책은 중국 강남 지역에서 출판된 도서목록서인 『절강서목浙江書目』이었다. 조신선과 유만주가 거래하던 책의 종류는 경經·사史·자子·기記·소설小說을 막론해 다양했다. 그중 소설은 중국 소설이 다수를 차지했다.[7]

그런데 신기하게도 조신선은 명기집략 사건이 일어날 줄 미리 알고 있었던 듯하다. 사건이 일어난 당시 그는 슬그머니 어디론가 잠적해 있다가 사태가 잠잠해지자 언제 그랬냐는 듯 다시 나타나 예전처럼 고객을 찾아다니며 책 흥정을 벌인 것이다. 사람들은 이러한 그의 선견지명을 높이 평가해 그를 신선이라고 칭송하기도 했다. 조신선은 수시로 유만주의 집에 드나들며 서적 구입 문제를 놓고 조심스럽게, 그렇지만 폭넓게 대화를 나누었다.

이처럼 책은 파괴의 역사에서 유통과 소비의 주역들을 더욱 결속시키는 동력이 되었다. 메말랐던 독서의 장작에 불을 지핀 형국이라고나 할까. 특정 책을 구하고자 하는 욕구 그 자체에서부터 독서는 시작되는 것이라고 해도 과언이 아니다. 꼭 책을 읽고 있어야 독서가 아니라 책을 읽기 전부터 책의 저자나 제목, 책의 내용과 표지 등을 따지거나 평하는 것 자체가 이미 독서인 것이다. 서적 중개상을 통한 고객의 책 주문과 가격 흥정 역시 독서의 한 풍경인 셈이다.

3장

책쾌가
지킨 전통
문화유산

'오입쟁이'에서 '부상'까지

해방 후 송신용은 전방위적으로 활동했다. 이 시기 그의 활약상을 보면 그를 단순한 서적 중개상으로 불러도 될지 고개를 갸웃거리게 된다. 그는 서적 중개상이자, 학자이자, 문화 보존에 열렬한 관심을 보인 위인이었다. 여러 분야에서 눈에 띄는 공헌을 한 그의 행적을 하나하나 살펴보자.

앞에서 살펴보았듯이 송신용은 교유하던 학자들 중에서 특히 홍이섭과 가깝게 지냈다. 1946년, 홍이섭이 중심이 되어 경북 지역에서 간행한 『향토』에 송신용이 직간접적으로 관여한 것은 홍이섭과의 친분 때문이었다. 그는 서적 중개와 한학에 밝은 자신의 장점을 살려 자신이 직접 쓴 글이나 새로 발굴한 자료를 소개하는 일을 맡았다. 그중에서도 특히 풍속과 고전 문학 관련 자료들이 눈에 띈다. 기방 출입 인사말을 다룬 「오입쟁이 격식」, 부상負商의 인사법을 소개한 「부상인사」, 여성의 얼굴과 화장용품을 의인화한 소설 「여용국전女容國傳」, 병자호란 직후 강화도에서 원통하게 죽은 여인들의 성토를 몽유록 양식에 담아낸 『강도몽유록』 등을 세상에 소개한 장본인이 바로 송신용이다.

『강도몽유록』은 송신용이 1939년에 필사해두었다가 1949년에 『향토』에 간략한 해제와 작품 소개까지 곁들여 별도로 소개한 것이었다. 이 『강도몽유록』은 얼마 전에 다른 판본이 소개되기 전까지만 해도 유일본으로 여겨져 많은 고전 소설 연구자들 사이에서 주 자료로 활용되었던 귀중한 작품이다.

「오입쟁이 격식」, 「여용국전」 등도 문학사에서 간과할 수 없는 소중한 작품들로 평가되고 있다. 그중 「오입쟁이 격식」은 기방을 출입하는 이들이 즐겨 사용하던 격식 있는 말들을 자세히 소개한 글로 일반인들에게 잘 알려지지 않았던 기방문화의 일면을 들여다보기에 유용하다. 기생집(생짜집)에 들어가며 먼저 기방에 와 있던 손님(선先 손님)과 이제 막 들어가는 손님(후後 손님) 사이에 나누던 인사와 대화법은 대개 이러했다.

후 손님: 들어가자.

선 손님: 들어—(들어오라는 뜻. 하인만 있으면 "들어오시오" 한다.)

후 손님: 평안하오?

선 손님: 평안하오?

후 손님: 무사한가?

기 생: 평안하십니까?

지금 막 들어온 손님(후 손님)이 웃옷(중치막) 앞자락을 떡 헤치고
앉아서 담뱃대를 딱딱 털어서 좋은 담배를 한 대 붙인 후에

후 손님: 좌중座中에 말할 게 있소.

선 손님: 무슨 말이오?

후 손님: 주인 기생主人妓生 소리나 한번 들어봅시다.

선 손님: 그거 좋은 말이오. 같이 들읍시다.

후 손님: 여보게.

기 생: 네.

후 손님: 시조時調 한 곡 한번 불러보게.

기 생: 네.

하고 시조 한 곡 부르고 나면

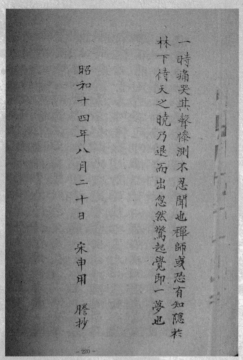

一時痛哭其聲悽測不忍聞也禪師或恐有知隱於
林下待天之曉乃退而出忽然驚起覺即一夢也

昭和十四年八月二十日　宋申用　謄抄

- 220 -

필사본 「강도몽유록」의 마지막 쪽 | 병자호란 직후 강화도에서 원
통하게 죽은 여인들의 성토를 몽유록 형식으로 담은 「강도몽유록」
의 마지막 면으로 1939년 송신용이 필사했다는 내용이 있다.

선 손님: 시조를 청한 친구에게 통通할 말 있소.

후 손님: 네, 무슨 말이오?

선 손님: 나머지 시조는 두었다가 듣는 게 어떻겠소? 듣는 청請 좀 합시다.

후 손님: 청을 받아들이다 뿐이겠소. 여보게.

기　생: 네.

후 손님: 시조 삼장三章을 다 들으려 했더니 친구가 청을 하시니 나머지 시조는 이다음에 내 오거든 하라고 하기 전에 하렸다.

기　생: 네.

후 손님: 수고했소.

하고 담배 먹던 것을 떨고 다시 한 대를 붙이고는

후 손님: 주인 기생 담배 한 대 태우시게.

하며 준 후에 객과 다른 말은 책망 들을까봐 별 말 없고 혹 기생을 데리고 실없는 말을 하되 "그동안 더 예뻐졌구나" 또는 "누가 핥아 주지" 이런 희롱의 말 몇 마디를 하다가 나온다. 이때 일어서서 돌아서며 "뵙시다" 한다. 예전에는 승지 참판이나 노래 선생 외에는 '해라'를 못 하고, 오입쟁이는 모두 다 '하게'를 하였다.

한편, 부상들이 평소 행하던 인사에도 격식이 필요했다. 부상의 시대는 이미 흘러간 까닭에 그러한 사정을 당시 일반인들도 전혀 알 길이 없었는데, 송신용이 「부상인사」에서 그것을 그대로 재현했다. 현대어로 바꾸면 대략 다음과 같다.

갑: 동무이십니까?

을: 동무이십니까?

갑: 첫 인사는 올렸습니다마는 사는 곳을 여쭈어 아뢰지 못하였습니다.

을: 피차 그리 되었습니다.

갑: 해마다 함께 하는 자리가 있었으나 오늘에야 길에서 여쭙게 되니 사촌지간의 도리로 친해야 할 정이 세밀하지 못했습니다.

을: 피차 그리 되었습니다.

갑: 제가 사는 곳은 서울이올시다.

을: 좋은 곳에서 놀고 계시는군요.

갑: 어찌 좋다고 하겠습니까마는 각 지역마다 웃어른[슈監]과 여러 공적 업무를 보는 집사執事, 한가로운 공원公員어른이 계시지만, 부모에게서 찾자 하시면 일단 주의 없이 방심放心하며 다닐까마는 등짐장수[負商]의 이름이 소중한 까닭에 이가 성姓을 가진 까닭에 이李서울이라 합니다.

을: 제가 사는 곳은 고양이올시다.

갑: 좋은 곳에서 놀고 계시는군요.

을: 어찌 좋다고 하겠습니까마는 각 지역마다 웃어른과 여러 공적 업무를 보는 집사, 한가로운 공원 어른이 계시지만, 부모에게서 찾자 하시면 일단 주의 없이 방심하며 다닐까마는 등짐장수의 이름이 소중한 까닭에 김가 성을 가진 까닭에 김숲서울이라 합니다.

이동이 잦고, 다른 지역의 부상들이나 많은 고객들과 자주 만날 수밖에 없기 때문에 초면자로서 예를 갖춰 인사하는 관습이 만들어졌다고 할 수 있다.

그 밖에 「여용국전」은 화장용품과 화장도구를 의인화해 교훈을 제시하는 가전체 소설이다. 화장하는 일에 게을러진 여성의 몸에 머리의 이, 이똥, 때 등이 쳐들어와 위험한 지경에 이르자, 신하인 세면도구들과 화장용품들이 몸을 사리지 않고 그것들과 싸워 이들을 물리치고 다시 원래 아름다운 나라, 곧 고운 얼굴과 몸을 유지했다는 내용을 담고 있다.

1947년 정음사에서 영조 때의 화가 장한종張漢宗이 편찬한 한문 소화집笑話集인 『어수록』을 출간했는데, 송신용은 이 책의 교열을 담당하고 서문을 직접 썼다. 『어수록』은 장한종이 수원

감목관監牧官으로 재직할 때(1812) 지은 것인데, 잠을 쫓게 할 목적으로 야담과 자신이 경험한 일 중에서 권선징악이 될 만한 것을 골라 쓰고, '열청재어수신화閱淸齋禦睡新話'라 별칭을 붙인 책이다. 주요 판본으로는 1947년에 정음사에서 '조선고금소총 제1회 배본'이라 하여 출간된 『어수록』과 1958년에 민속학자료간행회 편으로 출간된 유인본油印本 『고금소총古今笑叢』에 실린 「어수신화禦睡新話」가 있다. 무명 인물들의 일화가 주를 이루고 있지만, 매우 노골적인 음담패설도 일부 수록되어 있다. 패설 작품을 송신용이 적극적으로 간행하려 한 것은 그 자신이 『어수록』 같은 소화집의 열렬한 독자였기 때문이기도 했다. 이 사실은 송신용이 쓴 『어수록』 서문에서 찾아볼 수 있다.

지금 이 책을 소개하려는 이유는 다음과 같다. 내가 수십 년간 책을 취급하는 일에 종사하다 보니 각 부문에 속한 서적을 많이 만지게 되었다. 그런데 이런 종류의 서책을 종종 간과한 나머지 책장에 방치한 적이 있었다. 본래 뜻이 인쇄에 목적이 있었던 것은 아니었지만, 그 내용이 졸음을 물리치는 데에 유용할 뿐 아니라 민속자료로도 가치가 있다고 판단해 인쇄하기로 한 것이다. 또한 처음 이 책을 읽는 이들로 하여금 행여 틀린 내용을 접하지 않게 하려는 데도 그 목적이 있다.

책을 전문으로 다루던 서적 중개상의 눈에 이러한 소화집과 패설 작품이 잡히지 않을 리 없다. 그러나 대개는 이런 작품들에 큰 가치를 두지 않기 마련이다. 하지만 이러한 우스운 이야기가 오히려 민속자료가 되고, 과거의 생활상과 의식을 이해하는 데 소중한 가치가 있다고 여겨 책으로 간행하려 한 사실에서 송신용의 의중을 여실히 느낄 수 있는 것이다. 무엇보다도 그는 우리 민족의 생활과 진솔한 의식세계가 오롯이 담겨 있는 패설 작품을 일제 강점기에는 마음대로 간행할 수 없었지만, 이제 해방이 되었기 때문에 이것들을 출간해야 한다고 여겼다. 또한 초학자나 후대 독자들이 이전 자료와 내용을 잘못 이해하거나 오독할 가능성이 있어 올바른 전통유산을 전해줘야 한다는 그의 사명의식이 자리 잡고 있었다.

2년 후인 1949년에 송신용이 직접 교주해 간행한 『한양가』도 바로 그런 이유 때문에 손을 댄 작품이다. 그만큼 송신용은 고전 작품이 당대에 급속도로 쇠퇴하고 후손들에게 외면당해 훌륭한 문학유산이 단절되는 사태를 진심으로 걱정하면서 이를 극복하기 위해 자신이 할 수 있는 최선의 방법이 책을 교주하고 교열해 널리 읽히게 하는 일이라고 보았던 것이다.

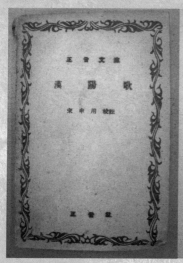

정음사 간행 1949년 초판 『한양가』 표지와 서문 | 서울의 풍물, 궁정, 관부 등을 묘사한 『한양가』의 1880년 목판본을 구한 송신용은 이를 '교주'한 후 1949년 간행하여 세상에 알렸다.

세상에 알린 『한양가』

송신용이 문학계에 끼친 공적 중 하나를 꼽으라면 단연 19세기 서울의 풍물을 읊은 가사 『한양가』를 교주하고 간행해 세상에 널리 알린 데 있다고 하겠다.

『한양가』는 '한산거사'가 쓴 목판본 장편가사이다. 목판본, 말미에 "셰재갑진계춘한사거스져"라 적혀 있는 것과 다른 여러 근거를 들어 송신용은 『한양가』를 헌종憲宗 대의 갑진甲辰년인 1844년에 '한산거사'가 지은 것으로 고증했다. 한산거사가 누구인지 아직 밝혀지지 않았지만, 송신용은 『소대풍요昭代風謠』·『풍요속선風謠續選』·『풍요삼선風謠三選』에 실린 위항시인 중 한 사람이거나 그 후손이라고 추정했다. 『한양가』의 내용을 고려할 때, 각양의 서울 풍물, 궁정, 관부官府 등의 세목을 자세히 그릴 수 있는 인물로 궁정이나 관부 소속의 중인층이 적합하다고 보았기 때문이다. 송신용이 소개한 목판본은 1880년에 서울 석동席洞의 방각업소에서 간행된 것이었다.

『한양가』에는 천개지벽天開地闢 이후 생겨난 지역 중 한강이 휘감아 흐르는 한양이야말로 하늘이 낸 찬란한 문명도시이자 왕도王都라는 시각이 깊이 자리 잡고 있다. 그래서 그 찬란한 문화적 면모를 여러 각도에서 포착해 생생한 현장 보고를 담아내고자 한 것이 바로 『한양가』이다. 경복궁, 창덕궁, 창경궁 등 궁궐에 대한 세세한 묘사와 서술은 궁궐 출입을 할 수 없던 일반 백성들에게 신선한 이야깃거리였다. 또한 각 관청의 업무를 요약해 들려줄 뿐 아니라 시전市廛과 상업 행위, 한양의 유흥문화를 엿보기에 충분한 승전承傳놀이에 대한 묘사와 서술이 풍부하다. 이것들은 다른 문헌에서 찾을 수 없는 『한양가』의 고유한 내용들이기도 하다. 헌종의 수원 능행陵幸이나 과거시험을 치르는 장면을 묘사한 부분도 당대의 사회상을 이해하고 고증하는 데 귀중한 자료가 된다. 이런 면에서 『한양가』는 19세기 중반의 한양과 조선을 이해하는 데 필수적인 자료라 할 수 있다. 그중 일부를 살펴보자.

우리나라 소산들도 부끄럽지 않건마는

다른 나라 물화物貨도 교합交合하니 서울의 온갖 가게 장하도다.

칠패七牌 일대의 생선 가게에는 각색 생선이 다 있구나.

민어, 쓰기미, 조기며 도미, 준치, 고등어며

낙지, 소라, 오징어며 조개, 새우, 전어로다.

시전 가게의 종류는 물론이려니와 가게에서 팔리는 각종 물건들이 열거되어 있어 서울 시민의 소비 품목을 엿보기에 유용하다. 그런가 하면 서울 시민의 놀이와 유흥문화에 관해서도 자

세히 소개했다.

한양의 화려함이 이러한데 놀이라고 없을까 보냐?

한양 소년, 의협심 강한 사람, 귀공자에 왕손王孫, 재상가 아들,

큰 장사치[巨商]와 다방골에 제갈씨 성을 가진 동지同知 벼슬한 이,

왕명을 전하고 잔심부름하는 별감別監과 왕의 호위대 별감, 포

도청의 포교, 승정원의 사령使令이라.

남촌과 북촌의 한량들이 즐기던 각종 놀음 장하도다.

선비들이 시를 짓고 놀던 시축詩軸놀음, 세도 있는 집안 하인들

이 몰려 놀던 성청成聽놀음,

공물방貢物房 계원들의 뱃놀이, 포교들이 연말에 대장 집에 찾

아가 한 판 놀던 세찬歲饌놀음,

관아의 하급 관리들이 휴가 받아 놀던 수유受由놀음, 각 집의 청

지기들이 기생을 동반해 놀던 화류花柳놀음,

편을 갈라 시합하던 활쏘기놀음, 한양의 호걸豪傑놀음,

재상宰相의 분부分付대로 행하는 놀음, 중복날 백성들이 하던

발씻기[濯足]놀음,

각색놀음 벌어지는 방방곡곡이 모두 놀이터로다.

정확히 확인할 수 없는 내용도 있지만, 『한양가』를 통해 19세

기 서울 백성들이 신분에 따라 다른 유흥거리를 향유했음을 확인할 수 있다. 이 외에 송신용이 특별히 원문에 대해 주해한 내용 중에도 귀중한 정보가 담겨 있다. 예를 들어, 윗글에서 놀이 주체 중 한 부류로 언급한 승정원의 사령, 곧 '정원사령政院使令'만 해도 그러하다. 사전에서 찾을 수 없는 부분을 알기 위해서는 전문가의 자문이 필수적이다. 그런데 정원사령은 단순히 심부름이나 간단한 업무를 감당하던 하급 직원 또는 노비가 아니라 『승정원일기』의 상당 부분을 승지承旨를 대신해 기록할 정도로 상당한 문식을 갖추고 있었던 지식인이었고, 외모가 빼어날 뿐더러 관복이 아닌 사복을 입고 다녔던 이들이었다. 송신용은 이러한 사실을 주 부분에 밝혀놓았는데, 이는 서은西隱 장홍식張鴻植(1864~?)의 자문을 통해 알게 된 것으로 어느 문헌에서도 찾을 수 없는 귀중한 정보이다.

『한양가』를 송신용이 구입하게 된 것은 지극히 우연이었다. 그는 1929년 말에 서울의 신설동 경마장 부근 노상 가게를 지나가다가 『한양가』를 우연히 발견했다. 목판본으로 간행될 만큼 『한양가』의 수요는 적지 않았지만, 그때만 해도 『한양가』를 시중에서 구하기가 매우 어려웠다. 그래서 이 목판본 『한양가』도 1939년에 경성제국대학에서 열린 조선어학·문학 고서전람회에 출품될 정도로 그 희귀성과 가치를 인정받았다. 작품의 가치가 뛰어나 주위에서 이를 보고자 하는 이들이 많아지자, 송신용은 난해한 부분이 많이 있음에도 사명감을 갖고 이를 주해하여 1949년에 정음사에서 책으로 출간했다. 『한양가』가 이때 처음 소개된 것은 아니었지만, 송신용이 교주한 책을 기점으로 비로소 세상에 널리 알려지게 되었다 해도 과언은 아니다.

그러나 정작 송신용이 교주 대본으로 삼았다고 한 목판본은 현재 전하지 않는다. 한국전쟁 당시 폭격을 받아 불에 타버린 송신용 집에 소장되어 있었던 것이 아닌가 싶다. 현재 다른 『한양가』 목판본 이본은 고려대학교에 소장되어 있고, 여러 필사본 이본들은 서울대학교 규장각, 연세대학교, 단국대학교, 고려대학교, 영남대학교, 한국학중앙연구원, 아단문고 등에 소장되어 있다.

그런데 한 가지 재미있는 사실은, 자칫했으면 이 작품이 세상에 영원히 빛을 보지 못할 뻔했다는 것이다. 송신용이 『한양가』를 구득한 이후, 책의 가치가 대단한 것은 금방 알아봤지만, 송신용 자신도 이해하지 못하는 어휘, 표현, 내용이 많았다. 오죽했으면 가람 이병기가 역사학자인 이병도李丙燾와 함께 『한양가』의 어려운 어구語句에 관해 토론을 벌였다는 사실을 자신의 일기에 적어놓았을까. 여하간 송신용은 『한양가』를 세상에 내놓기 전에 잡화를 팔던 상점 주인과 전직 관료, 목수, 상고商賈,

어학에 조예가 있는 지식인들에게 물어보거나 답사를 통해 자료를 수집하는 등 심혈을 기울여 고증하고 주해를 더하고자 했다. 그렇지만 여전히 부족한 점이 한두 가지가 아니어서 그는 출판할 용기를 내지 못했고, 나중에는 출간을 포기할 생각까지 했다. 그 즈음 송신용은 자신의 일에 큰 도움을 줄 사람을 만나게 된다. 바로 장홍식이었다.

장홍식은 1895년부터 1910년까지 내각주사內閣主事로 근무했던 인물로 조선의 제도에 대해 박식한 지식을 갖고 있었다. 내각주사란 오늘날 내무부 소속 행정사무를 보는 공무원에 해당한다. 송신용이 교주하면서 "다시 알 길이 없던 것을 밝혀내게" 되는 데 결정적 조언과 도움을 준 장홍식이 없었다면 『한양가』는 현재 어떤 모습으로 남아 있을까.

송신용이 선구적으로 작업을 했지만 오늘날에도 『한양가』는 여전히 온전한 주해가 불가능하다. 그만큼 난해하고 고증하기 어려운 부분이 많은 작품이다. 그 어려운 작업에 서적 중개상인 송신용이 제일 먼저 나섰던 것이다. 그가 자신의 역량을 넘어선다고 생각하면서도 그 일에서 손을 놓지 않은 까닭은 세월이 흐르기 전에 올바른 주해를 마치고자 하는 욕구 때문이었다. 이대로 가다가는 전통유산의 복원 자체가 불가능하겠다는 위기감과 제대로 된 어휘와 뜻풀이를 전수하고 싶다는 학자적 신념까지 더해져 『한양가』는 세상에 나올 수 있었던 것이다.

　예를 하나 들어 보자. 송신용은 『한양가』를 비롯한 옛 글에는 '인印'이라 표기된 것이 많은데, 이것이 '야也'의 고유한 표현임을 알지 못해 엉뚱하게 해석하는 이가 많다고 한탄하면서 이를 정확히 알려줄 필요가 있다고 믿었다. 그래서 "기만환인幾萬圜印"이라는 고유한 표기가 있음에도 의미는 정확히 알지도 못한 채 그저 "기만환야幾萬圜也"라고 쓰고 정작 그것을 부끄러워할 줄 모른다며 쓴소리를 내뱉기도 했다. 사실 감식鑑識이란 신묘해 책의 가치와 의미를 온당히 평가하는 것이다. 텍스트 자구字句 하나하나뿐 아니라 책 전체에 대해 가치를 부여하고 생명력을 불어넣는 것은 아무나 할 수 있는 일도 아니다. 자구 하나부터 정확히 알고 사용할 수 있어야 하며, 그 의미를 제대로 분별할 수 있는 능력이 여전히 후손들에게 필요하다고 송신용은 굳게 믿었다. 그래서 이를 깨닫게 하기 위해 자신이 솔선수범해 『한양가』 주해에 심혈을 기울였던 것이다. 현재 『한양가』는 19세기 서울 시정과 풍습을 살피는 귀중한 자료로 여전히 중요하게 다뤄지고 있다.

조선어학회와 '큰사전' 원고 분실 사건

1949년, 송신용은 『한글』에 고소설 「조충의전趙忠毅傳」을 소개
하고 교주본을 실었다. 「조충의전」은 필사본으로 봉림대군과
조봉퇴(조생)라는 사람과의 인연을 다룬 작품이다. 봉림대군은
훗날 북벌정책을 펼치는 효종이 된다. 병자호란 직후 청국의 볼
모로 끌려갔다가 9년 후에 다시 돌아와 세자궁世子宮에 거하다
가 죽은 소현세자를 대신해 왕위에 오른 것은 이미 잘 알려져
있는 사실이다. 그러나 정작 주인공 조생은 허구적 인물이다.
그 내용은 다음과 같다.

경상도 지례에 사는 조봉퇴라는 사람은 볼품없는 위인이었다.
그에 반해 부인 심씨는 지혜로운 여인으로 남편을 뒤에서 조용
히 이끌어주었다. 조생은 부인의 권고로 상경해 예조禮曹 서리
집에 머물며 벼슬자리를 찾았다. 그러나 서리는 조생의 돈을 받
아쓰고는 벼슬을 구해줄 생각은 하지 않았다. 하릴없이 기다리
다 지쳐 집으로 돌아온 조생은 다음해에 또 부인의 주선으로 다
시 상경한다. 하지만 이번에도 조생은 돈만 다 써버리고 헤매다
가 어느 큰 집을 찾아들었는데, 그곳이 바로 봉림대군의 집이었
다. 봉림대군은 자신의 신분을 밝히지 않고, 조생이 상경한 경위
와 서리에게서부터 돈을 받지 못한 사정 이야기를 듣고는 돈을

찾아 돌려주고 후일 다시 찾아오라고 했다. 조생이 다시 그 집을 찾았을 때는 봉림대군이 왕위에 오른 후였다. 그러나 봉림대군은 궁감에게 지례 출신의 조생이 찾아오면 알리라고 일러둔 터였기에 궁감의 보고를 받은 효종은 밤에 찾아와서 전과 같이 놀고 가며, 무슨 벼슬을 하고 싶은지 물었다. 조생은 지례현감을 하고 싶다고 말했다. 그러자 효종은 지례현감의 직첩을 주고 다음날 대궐에 들어와 사은숙배하라고 했다. 다음날 조생이 사은숙배할 때 왕의 얼굴을 보니 바로 전날 자신과 함께 놀았던 그 사람임을 알고 깜짝 놀랐다. 조생은 현숙한 부인의 도움으로 지례현감직도 무사히 감당하고 행복하게 살았다.

송신용은 이러한 내용의 「조충의전」이 '요로원야화要路院夜話'와 쌍벽을 이루는 작품이라 보고, 둘의 차이를 몇 가지로 제시해놓았다. '요로원야화'는 박두세朴斗世(1654~?)가 과거를 보러 서울에 갔다가 돌아오는 길에 충청도 요로원의 어느 주막에 머물 때 만난 서울 양반과의 문답 내용을 기록한 『요로원야화기』를 의미한다. 이 작품은 서울 양반의 허세와 실상을 비웃으며 당시 국가 제도와 사회 문제를 날카롭게 풍자한 것으로 유명하다. 한글본과 한문본 모두 필사본으로 전하는데, 1949년에 을유문화사에서 이병기가 주해한 『요로원야화기』를 선보였다.

송신용이 「조충의전」을 소개하며 『요로원야화기』와 비교한 것은 바로 얼마 전에 출판된 이병기의 『요로원야화기』를 염두에 두었기 때문이다.

그런데 송신용이 고전 작품을 『한글』에 소개한 이유는 간단했다. 순전히 우리말에 대한 관심 때문이었다. 작품에 사용된 어투와 어휘가 학술적으로 연구할 만한 가치가 있는 자료라 판단했기 때문이다. 「조충의전」에 나타난 경상도 사투리와 발음, 어투 등이 300여 년 전에 사용된 것이라 변형하지 않고 소개하고자 한 것이다. 곧, 어휘와 사투리 사용 등 국어 변천사를 살피는 데 학술적 가치가 뛰어난 자료라 여겨 다소 작품 수준이 떨어짐에도 국어 연구 잡지라 할 수 있는 『한글』에 실어 그 의미를 배가시키고자 했다.

물론 『한글』은 송신용과 특별한 인연이 있는 잡지였다. 이 잡지를 발간한 조선어학회는 나중에 한글학회로 이름이 바뀌지만, 원래 그 출발은 1921년에 국어의 정확한 법리法理를 연구할 목적으로 휘문의숙 교장과 교사들이 중심이 되어 조직된 모임이었다. 3·1운동 이후 일본이 문화정책을 표방하며 한국 문화의 자율성과 우수성을 무시하고 우리말과 글을 말살하려 하자, 이런 일본의 야만적 문화정책에 항거하기 위해 등장한 학문 연구 모임 중 하나였던 것이다. 1921년 휘문의숙 교장이었던 임경재를 비롯해, 당시 교사였던 가람 이병기와 이승규, 휘문의숙 4회 졸업생이자 교사였던 권덕규, 3회 졸업생이자 중앙고보 교장이었던 최두선 등 열다섯 명이 참가해 창립모임을 가졌다. 이 조선어연구회가 1931년에 조선어학회로 바뀌고, 1949년에 한글학회로 바뀌어 오늘에 이르게 되었다.

이처럼 휘문의숙과 밀접한 관련이 있는 잡지가 『한글』이다 보니, 송신용으로서는 여러 편의 글을 『한글』에 기꺼이 발표할 수 있었던 것이다. 송신용이 『한글』에 발표한 글과 작품은 「조충의전」 외에도 「점인실부소지店人失婦所志」, 「약국인원정藥局人原情」 등이 있다. 이 글들은 권호 수를 달리해 1949년에 발표되었다.

그중 「점인실부소지」 역시 제법 흥미로운 글이다. 송신용의 관심사가 법과 송사訟事 문제로까지 확장되고 있음을 보여주는 예라 하겠는데, 정작 송신용의 궁극적인 목적은 법과 송사를 소개하는 데 있지 않았다. 그는 예나 지금이나 사람 사는 모습은 비슷할 것이라고 전제하면서도 급변하는 사회에서 이전 어휘나 뜻을 제대로 알지 못하는 이들이 계속 늘어나는 것을 안타까워했다. 실제로 과거에는 흔하게 사용하던 '소지訴志'란 용어를 1940년대를 살아가던 사람들의 상당수 모르고 있었다. 이렇듯 송신용은 사라져가는 용어와 표현을 제대로 알리려는 이유에서 이 글을 발표한 것이다. 이처럼 송신용이 갖고 있던 기본적인 문제의식은 『한양가』 서문에서 밝힌 것과 일맥상통한다. 옛 전통과 어휘, 표현 등의 상실, 그로 인한 후대와의 소통 단절을 안타까워해 이를 지키고 계승하려는 의지와 열정만큼은 그 누구에게도 뒤지지 않을 정도로 확고하고 분명했다.

「약국인원정」도 송신용이 애정을 쏟아 『한글』에 소개한 글이다. 제목이 다소 생소한데, 그 뜻을 풀면 '약국인의 서러운 사정'이라 할 수 있다. 원래 '원정서原情書'는 오늘날의 '탄원서歎願書'와 같은 것으로, 이런 탄원서 중 해학적 성격을 띤 것도 있어 당시의 사회상을 엿볼 수 있다. 송신용은 필사본인 이 짧은 글을 그냥 버려두기도 아깝고, 그렇다고 책으로 묶기에도 뭐해 『한글』의 지면을 빌려 공개한 것이다.

송신용은 작가 고증에도 항상 신경을 썼다. 그는 원정서 말미에 적혀 있는 『사휴집四休集』은 연산군 대의 사휴四休 박공달朴公達이거나 인조 대의 사휴당四休堂 김휘金徽의 문집일 가능성이 있지만 그 구체적으로 고증하기는 어렵다고 했다. 그런데 『사휴집』은 실상 송신용이 지목한 두 사람의 문집이 아니다. 바로 사휴당四休堂 김이성金爾聲의 문집이다. 김이성의 본관은 의성이며, 진사 김근金近의 아들로 광해군 1년(1609)에 태어나 숙종 3년(1677)에 죽었다.[1] 그러나 김이성에 관한 자료는 남아 있는 것이 별로 없다.

이 탄원서의 내막은 이러했다. 시골에서 공부하던 유생들이 생계가 막막해 보촌甫村이란 동네에서 약방을 운영하는데 지방 관리들과 한량들이 약재와 곡식을 추렴하는 것도 모자라 온갖 요구를 하며 못살게 구는 통에 영업은 커녕 생계유지조차 어렵게 되자 이 문제를 해결해달라며 올린 탄원서다. 그런데 재미있는 사실은 공식적인 문서치고는 어휘가 생기발랄하고 우스꽝스런 표현을 제법 많이 사용했다는 점이다. 심각하지 않은 분위기에서 문제를 좋게 해결하고 싶어 하는 탄원자의 바람을 행간에 담은 것일까. "까다로운 추렴을 생들과 같이 말쑥하게 뺄건 살만 남은 사람에게 엉터리 없이 받아 갈 제히띠운 체하는", "졸라 대는 꼴이 후추보다도 맵고 끈적끈적 보채는 감고글의 성낸 주둥이로 참새같이 지절거릴 제 눈알이 둥글어지며 곧 작대기를 휘둘러 한데 먹이려 하다가", "무지막지한 상천常賤배(상민과 천민)의 풍습으로 약국의 규례를 모르고서 마침내 쇠지지랑과 말똥 같이 천대를 하고 노상 낚아 들이며 긁어모으는 폼" 등에서 느껴지는 생생한 현장 고발식 표현이 진정성과 구체성을 획득하여 읽는 이의 마음을 움직이게 만드는 묘한 매력이 있다. 이처럼 재미있는 옛글을 송신용 자신만 알고 있기에 너무 아깝다고 생각했을지도 모른다. 그는 이런 고전을 후손들도 함께 향유할 필요가 있다고 믿었던 것이 분명하다.

이쯤에서 송신용과 『한글』을 발행했던 조선어학회에 얽힌 일화 하나를 소개해보자. 해방 이후 조선어학회에서는 우리말 '큰사전' 편찬사업의 필요성을 절감하여 사전 만드는 일에 매달리고 있었다. 그러던 중 한국전쟁이 일어났다. 난리 통에 학회 직원들과 학자들은 어쩔 수 없이 그동안 애써 작업한 원고를 별도의 장소에 보관하고 피란길에 오를 수밖에 없었다. 그러나 서울이 수복된 후 다시 돌아와 보니 혹시나 했던 염려가 현실로 나타났다. 심혈을 기울여 작업한 원고와 관련 서류들 중 상당수가 사라진 것이다. 난리 중이니 누가 훔쳐갔는지 찾을 방도가 없었다. 당시는 살기 위해 돈이 될 만한 것이라면 뭐든지 훔쳐가는 세상이었다. 원고를 잃어버렸으니, 우리말의 체계를 정리하고 사전을 편찬, 간행하는 일은 그만큼 늦춰질 수밖에 없었다.

그런데 학회에서 분실한 책 중 약 1,000여 권을 '돈암동 482번지 50호'에 살던 박윤근이 소장하고 있다는 사실이 밝혀졌다. 송신용이 문교부 편수국장이었던 최현배에게 분실된 책과 원고의 행방을 알려주었던 것이다. 박윤근은 그 책들을 어느 군인에게서 샀다는 말과 함께 엄청난 고가高價를 제시하며 내주려 하지 않았다. 이에 최현배를 비롯한 한글학회 관계자들은 어쩔 수 없이 돈을 마련해 박윤근이 원하는 만큼의 돈을 지불하고서야 책과 원고를 다시 입수할 수 있었다. 비록 많은 돈이 들었지만 송신용이 원고의 존재를 그때 알려주지 않았다면, 우리나라 사전의 간행과 보급, 국민들의 국어 사용 환경은 훨씬 더 늦어졌거나 열악해졌을지도 모른다. 송신용이 그 원고의 소재를 어떻게 알았는지 자세히 파악할 수는 없다. 하지만 이는 서적 중개상만이 갖고 있던 정보망, 거기에 더해 직업적 감각과 원고를 소중히 여기는 그의 노력과 열정이 한데 어우러져 만들어진 합작품이었다. 전쟁은 책과 고문서의 유통 질서나 체계 등을 송두리째 뒤집어놓았지만, 송신용의 역할과 진가는 상황이 어려울수록 더욱 빛을 발했던 것이다.

한국전쟁, 그리고 재기

전쟁은 송신용에게도 크나큰 피해를 안겨주었다. 한국전쟁이 일어나자, 송신용은 가족들을 양평에 있는 친척집으로 피신시켰다. 그런데 얼마 후 아현동 집이 폭격을 맞아 완전히 잿더미가 되고 말았다. 국군이 서울에 입성하던 날, 박격포 공격을 받고 집이 완전히 파괴된 것이다. 이때 그가 그토록 오랫동안 소중하게 소장해오던 책들과 골동품들도 모두 잿더미가 되었다. 난리 통에 경황이 없어 소장하고 있던 책들과 고문서를 미처 안전한 곳으로 옮기지 못했는데, 그만 그것들이 허무하게 사라진 것이다. 이는 서적 중개를 직업으로 삼았던 송신용 개인에게 사망선고나 마찬가지였고, 학계와 국가에게도 참으로 안타까운 일이었다.

송신용은 땅을 치고 망연자실했으나 당장 밤을 보낼 거처를 찾는 일이 먼저였다. 비어 있는 폐가를 찾은 송신용은 급한 대로 그곳을 임시거처로 삼았지만 그가 가지고 있던 모든 것이 잿더미가 된 까닭에 하루하루를 생활하는 것조차 쉬운 일이 아니었다. 그의 나이 예순여섯 살 때의 일이다. 하지만 송신용은 자신의 일을 포기하지 않았다. 처음부터 다시 시작하기로 마음먹은 그는 고서를 구하기 위해 사방팔방으로 뛰어다녔다.

호구지책도 안 되는 일에 매달리는 꼴이란 하루하루 먹고 살기도 힘든 가족들에게 고통을 가중시킬 뿐이었지만 그런 현실은 오히려 그가 이를 악물고 고서화를 찾아 나설 수 있는 힘이 되었다. 비록 상황은 어려웠으나 책에 대한 남다른 열정과 학구열은 쉽게 꺾이지 않았다. 전쟁 통이라 구할 수 있는 자료들은 어찌 보면 그 이전보다 더욱 많았다. 이때 그가 구입한 자료 중에는 조선시대 어느 왕의 사주四柱까지 포함되어 있었다.

이렇듯 재기를 위해 몸부림치던 시기에 장녀 송명희가 결혼을 했다. 그녀는 한국전쟁이 발발한 1950년에 스물두 살의 나이로 김영진金榮鎭과 약혼했는데, 전쟁으로 잠시 미뤘던 혼례를

1952년에 비로소 치른 것이다. 큰딸의 결혼식이 끝나면서 송신용과 그의 부인은 돈암동에 마련된 큰딸의 신혼집에서 한 동안 지내게 되었다.

이후 약간의 안정을 되찾은 송신용은 고서를 모으기 위해 더욱 활발히 사방팔방으로 돌아다녔고, 그 과정에서 수많은 사람들을 만나 새로운 자료들도 갖추게 되었다. 이 시기는 송신용뿐 아니라 나라 전체가 소중한 것들을 잃어버리고 슬퍼하던 때였다. 그러나 송신용은 분연히 슬픈 현실을 털고 일어나 새롭게 뛰기 시작했다. 그에게는 이때부터 모은 책들은 그 어느 때에 갖게 된 책들보다 더 소중하고 의미가 있었다. 그래서였을까. 그는 1952년부터 1954년 사이에 취급했던 책들을 장부에다 꼼꼼히 기록했다. 비록 얼마 되지 않는 짧은 기간의 기록만 남아 있지만, 거기에는 그가 취급한 서적의 종류와 가격, 서적을 구입한 사람이 누구였는지까지 소상히 적혀 있어 거래 내용은 물론 고객의 면면까지 짐작해볼 수 있다. 또한 당시 그가 얼마나 정성껏 일했고, 서적 중개상으로서 어떻게 마지막 불꽃을 태웠는지도 엿볼 수 있다. 송신용 사후에 그가 쓴 일기와 거래 장부는 유족을 통해 장서가 김약슬金約瑟(1913~71)에게 건네졌다. 송신용의 거래 장부를 통해 그 시대 풍경의 일면을 살펴보자.

송신용은 1952년 6월 12일, 완판본 『고본 춘향전古本春香傳』

1책을 '1만 환圜'에 사서 성동중학교 교사였던 김근수에게 팔았고, 『월인천강지곡月印千江之曲』은 김정진金定珍에게 팔았다. 김정진은 서점 주인이자 고서 전문가로 고유상(회동서관)·백두용(한남서림) 등과 함께 기호흥학회 찬무원贊務員으로 활동한 전력이 있는 인물이었다. 그런가 하면 궁체 국문사본宮體國文寫本인 『태평광기太平廣記』는 최남선에게 양도했다. 『홍길동전』과 『악장가사』, 내방가사류 책들은 김영우金永祐에게 팔았고, 상촌象村 신흠申欽의 아들인 신익성申翊聖의 추후 발문이 들어간 『상촌집象村集』은 월탄 박종화에게 팔았다. 이렇듯 그의 교유관계나 거래 대상자를 보면 마치 역사의 한복판에서 문학계와 문화계의 거물들을 만나는 듯한 착각마저 불러일으키게 한다. 서적 중개상 송신용의 위상이 엿보이는 대목이다.

그 밖에 송신용이 자주 거래했던 고객 중에는 원충희元忠憙(1912~76)와 오종식吳宗植(1906~76)이 있다. 오세창의 제자이자 서예가로 필력이 뛰어났던 원충희는 『기아箕雅』를 비롯한 다수의 책을 송신용에게서 구입했고, 경향신문 편집국장을 비롯해 서울신문 사장을 역임했던 오종식은 송신용을 통해 남옥南玉이 편술編述한 『일관기日觀記』 4책을 구입했다. 경성제국대학 법문학부 법과를 졸업하고 내무부장관을 비롯해 여러 차례 국회의원을 역임했던 홍익표洪翼杓(1910~76)도 송신용의 단골 고객이

었다. 홍익표는 다년간 제지업에 종사하기도 했던 터라 그때 송
신용과 친분을 쌓았던 것으로 보인다. 송신용은 『구십양화仇十
洋畵』를 홍익표에게 팔기도 했지만, 대개는 홍익표가 소장하고
있던 책들을 사들이는 데 주력했다. 전쟁의 혼란이 채 가시지도
않은 1953년 4월 1일, 송신용은 홍익표가 가지고 있던 당본唐本
서책 357종 6,232책을 성균관대학교 언론학 교수였던 임경일任
耕一에게 450만 환에 파는 데 중개를 서기도 했다. 이때 송신용
은 중개비 명목으로 매도인인 홍익표에게서 30만 환을, 매수인
인 임경일에게서 25만 환을 받았다.

　송신용과 거래한 인물 중 빼놓을 수 없는 이가 오한근吳漢根
이다. 그는 시흥공립보통학교와 양성공립보통학교에서 교편생
활을 했지만, 그의 장기는 장서였다. 그가 소장하고 있던 작품
중에는 국문학계에서 중요하게 평가되는 것들도 다수 포함되어
있었는데 고소설인 『정수정전鄭秀貞傳』 경판본을 비롯해 실학서
인 『산림경제山林經濟』와 고소설 작품집인 『삼설기三說記』 등이
대표적이다. 특히 그는 조선진서간행회朝鮮珍書刊行會에서 1949
년에 간행한 『열녀춘향수절가』(상·하)의 발간과 편집을 맡기도
했다. 또한 국내 최고最古 시조집으로 평가되는 김천택의 『청구
영언靑丘永言』 진본을 소장하고 있었다. 이 책은 1948년에 조선
진서간행회를 통해 새롭게 발행되었는데, 이것이 바로 『진본珍

本 청구영언』이다. 이처럼 오한근은 고전문학 작품을 다수 소장하고 있었을 뿐 아니라 그것을 책으로 간행하는 편집인으로도 활동했다. 1952년 송신용은 김육金堉의 발문이 들어 있는 『구황촬요救荒撮要』를 김영우에게서 구해 오한근에게 팔기도 했다.

이처럼 송신용이 취급한 서적은 분야를 가리지 않고 다양했다. 유교 경서는 물론 소설·시가집·불경·역사서·화첩 등을 망라했다. 송신용이 교주하거나 해제, 발문, 서문 등의 글을 작성하며 소개한 책들은 주로 고소설과 고전문학과 관련된 것들이었지만 실제로 그가 취급한 책들은 여기에 국한되지 않고 전 분야에 걸쳐 있었다고 해도 과언이 아니다. 따라서 송신용은 보통의 학식과 감식안을 소유한 이들은 흉내낼 수 없을 만큼의 전문적 식견을 갖추고 있었다고 보아야 한다. 한국전쟁 직후 자칫 사라지기 쉬웠던 고서들과 한학 자료들이 이렇게 그를 비롯한 서적 중개상의 손을 거쳐 연구자와 관계 기관에 전해졌고, 그럼으로써 그 후 진행된 국학과 고전문학 연구의 토대가 마련되었다.

장서가 김약슬과의 인연

송신용은 말년에 지우를 얻었는데, 그는 바로 장서가 김약슬이다. 두 사람이 처음 만난 것은 1955년 무렵이었다. 그때 송신용은 『시경詩經』의 낙질落秩(한 질을 이루는 여러 권의 책 중 빠진 책)을 채우기 위해 애를 쓰고 있었다. 그런데 마침 『시경』의 낙질 부분이 김약슬에게 들어왔다. 송신용이 그 책을 애타게 찾고 있다는 이야기를 들었던 터라 김약슬은 순순히 그 책들을 송신용에게 양보해주었다. 이것이 계기가 되어 두 사람의 지교가 시작되었다. 얼마 후 송신용은 고마움의 표시로 『물재고勿齋稿』 한 권을 김약슬에게 건네주었다. 두 사람은 그 후로도 10여 년간 친분을 유지했는데, 책이라는 공통분모를 가진 터라 30여 년이라는 나이 차이는 그리 큰 문제가 되지 않았다.

송신용은 좋은 고서를 보는 식안識眼이 뛰어났다. 그래서 김약슬이 소장하고 있는 책을 보자마자 중요한 책들을 척척 뽑아서는 팔라고 청하곤 했다. 후에 김약슬은 송신용의 집으로 찾아가 『증보산림경제增補山林經濟』 12책과 『사례유보호보四禮類補號譜』 7책을 총 1만 1,000환에 구입하기도 했다.

한번은 송신용이 민란과 관련된 자료를 찾고 있었다. 그러다가 마침내 통문관通文館에서 『임술록壬戌錄』을 구할 수 있었다. 『임술록』은 '영호민변일기嶺湖民變日記'라는 부제가 붙어 있는 데서 알 수 있듯이 1862년(철종 13)에 삼남三南 지방에서 일어난 농민 봉기에 관한 자료집이었다. 19세기 농민 봉기와 항쟁의 단면을 이해하는 데 긴요한 책이다. 이때 『임술록』의 가격은

7,000환이었다. 그런데 이 무렵 송신용은 내심 김약슬이 자신이 찾는 책을 사지 않을까 하고 생각하기도 했다. 둘은 그런 사이였다. 서로 무엇을 구하고자 하는지, 무슨 생각을 하는지 눈치만으로도 알 수 있었기 때문이다. 결국 『임술록』은 송신용의 수중에 들어왔는데, 이것은 평소 자신이 존경하는 송신용을 위해 김약슬이 기꺼이 그 책을 양보한 것일 수도 있다.

그런데 여기서 한 가지 문제가 발생했다. 약 1년이 지난 어느 날, 『임술록』의 선본善本이 발견되었고 그것을 김약슬이 소장하게 된 것이다. 그러자 기존에 송신용이 갖고 있던 『임술록』의 가치는 큰 폭으로 떨어졌다. 게다가 김약슬이 구입한 『임술록』은 국사편찬위원회에서 1958년에 『한국사료총서』 제8집으로, 당시 연세대학교 교수이던 홍이섭의 추천과 신석호申奭鎬 국사편찬위원회장의 적극적 후원에 힘입어 전격적으로 출간되었다. 그렇게 되자 송신용은 자신이 구입한 『임술록』을 곧바로 이병도에게 팔았다. 이병도가 그 책을 애타게 찾고 있었기 때문이다. 후일 송신용은 우여곡절 끝에 그 책을 다시 입수하여 동국대학교에 되팔았다. 현재 동국대학교에 소장된 『임술록』은 바로 이런 복잡한 유통의 역사를 간직하고 있다.

송신용과 김약슬, 두 사람은 서로 필요로 하는 책을 협력해 구해주기도 하고, 때로는 한 책을 두고 선의의 경쟁을 벌이기도 했다. 어찌 보면 책의 절대주인이란 없는 법이다. 순간 그 책을 가장 필요로 하는 사람이 '잠시' 맡아서 갖고 있을 뿐이다. 책은 그것으로 족한 법이다. 평생을 책과 함께 보낸 두 사람은 그 누구보다도 그 사실을 잘 알고 있었을 것이다.

동시대의 서적 중개상들

여기에서는 송신용과 함께 활약했던 책에 목숨 건 인물들을 조금 더 살펴보기로 한다.

송신용처럼 자기의 영역을 구축하면서 20세기 서적 유통의 제일선에 섰던 인물로는 화산서림의 주인 이성의를 빼놓을 수 없다. 그는 서적 중개상의 전문적 식견과 경영 노하우를 접목해 서점을 운영한 대표적 인물이다. 이성의 역시 1965년에 고혈압으로 죽을 때까지 거의 한평생을 서적 유통에 몸담았다. 부친 이홍우李弘宇와 모친 안요순安堯順의 2남 1녀 중 장남으로 경기도 광주에서 태어난 그는 서당에서 수학한 후 스무 살 때 서울 종로구 익선동에 서점을 열었다. 당시 그가 취급했던 책은 삼국시대부터 조선시대까지 편찬되고 제작된 고서들 중심이었다. 화산서림은 1939년에 종로구 와룡동으로 이전했다.

이성의는 한국전쟁 이후 한국 고활자 인쇄사 집필을 시작하고, 죽기 전 해인 1964년에는 김약슬과 함께 삼국시대부터 고려시대까지 편찬된 도서목록집 『나려예문지羅麗藝文志』를 출간하는 등 학문적 연구와 집필도 병행했다. 서적 중개상으로서 고서자료에 대해 그가 가졌던 깊은 안목과 애정은 그로 하여금 특별히 고활자본 수집과 연구를 독보적으로 수행하도록 만든 원천이었다. 아울러 생업수단이긴 했지만 그가 경영했던 화산서림은 그로 하여금 개인 연구 서재이자 자료 수집처로, 지식생산과 전파의 근거지 역할을 했다. 그가 소장했던 책들 중 424종 724책은 그의 사후에 고려대학교에 기증되었다. 그의 치열했던 삶의 흔적은 그렇게 고려대학교에서 '화산문고'로 남아 지금도 후손들의 발길을 기다리고 있다. 이성의도 송신용처럼 단순한 서적 중개상으로 이 세상을 살다 간 것이 아니라 학자다운 식견과 열정으로 책과 출판의 역사를 되새김하며 후손에게 우리 고유의 지적 유산을 전해주고자 치열하게 자신의 일에 매진했던 위인이었다.

여기에 이성의의 인간적 면모를 한 가지 더 덧붙이자면, 그는 감정 기복에 따라 고서를 사고팔던 인물이었다. 기분이 좋으면 고객에게 친절하게 있는 얘기 없는 얘기를 다 늘어놓다가도, 신명이 나지 않으면 있는 것도 없다고 딱 잡아떼며 아예 보여주려고도 하지 않았다. 흔히 고서는 한 책에 여러 권을 묶어 만드는 법인데, 이것을 처음으로 권별로 분책分冊해 여러 책으로 나눠 팔기 시작한 장본인도 바로 이성의였다.

그와 더불어 불교 서적 거래에 심취했던 한상윤韓相允(?~1963), 송신용을 따라다니며 서적 중개업을 배운 포천 출신의 김효식金孝植 등이 서적 유통에 국한한다면 한 시대를 풍미했던 서적 중개상들이었다.

한상윤은 전국 방방곡곡을 떠돌아다니며 서적을 찾아내 판매하던 서적 중개상이었다.[2] 생몰연대가 확실하지 않으나, 1960년대 초에 이미 일흔 살이 넘은 것으로 보아 1890년 전후에 태어난 것으로 보인다. 비록 가난하고 영세한 삶을 살았지만, 그는 학식이 높았으며 고담박소枯淡朴素한 옷차림과 시골 선비와 같은 성품을 지니고 있었다. 한상윤은 어린 시절 최현배와 같은 서당에서 글을 배우기도 했다. 그러나 산전수전을 다 겪고 난 후, 결국 책쾌가 되어 전국을 떠돌아다녔다. 그는 특히 불경 언해서 수집에 힘을 기울여 전국의 여러 사찰을 직접 찾아다니면서 모은 서적들을 개인 장서가들은 물론, 서점과 학자들에게 되팔곤 했다.

탄은灘隱 김효식은 송신용처럼 서울을 무대로 활동한 서적 중개상이다. 김효식은 당대 그 어느 책쾌보다도 학식과 지식이 풍부했던 인물로 송신용을 따라다니며 그에게서 서적 중개업을 배웠다. 김효식은 고서화·고적·골동품 등의 감식에 탁월했고 특출한 판단력까지 지니고 있어 서화 골동계에서 신망 있는 중간상인[3]으로 통했다. 가람 이병기의 일기에 등장하는 서적 중개상 중 1950년대부터 1960년대 전반기에 가장 빈번하게 접촉하고 책 거래를 했던 이도 바로 김효식이었다.

이처럼 서적 중개상들은 대중서적보다 고문서를 위주로 학자나 전문 연구자, 고서점, 도서관 등을 상대로 거래를 하면서 의도하지는 않았지만 결과적으로 전국에 산재해 있던 서적들을 모으는 역할을 했다.

송신용의 실수

1959년에 송신용은 학술지인 『국어국문학』에 「오주誤註의 전재轉載」란 제목의 짧은 글을 발표한다. 그런데 제목부터가 범상치 않다. '잘못된 주석 내용을 그대로 옮겨 놓았다' 정도로 새길 수 있는 제목의 글에서 솔직담백한, 그렇지만 그 누구보다도 깐깐하고 철저했던 송신용의 신념을 엿볼 수 있다.

사연은 이러했다. 원래 송신용이 교주한 『한양가』 제18쪽을 보면 "분디도 절등ᄒ고"라는 구절이 있다. 그런데 송신용은 '분디粉黛'를 설명하는 과정에서 '분이전면粉以傳面'이라 해야할 부분을 '분이면전粉以面傳'이라는 잘못된 주석을 달았다. 후에 자신의 실수를 알게 된 그는 "매양 죄지은 사람처럼 마음이 편하지 않았고 개정판을 내게 되면 반드시 수정하겠노라"고 벼르고 있었다. 그러던 어느 날, 송신용은 길거리에서 파는 김사엽金思燁(1912~92)의 『실력국문해석법實力國文解釋法』을 우연히 들춰보게 되었다. 김사엽은 서울대학교, 경북대학교, 오사카외국어대학교, 동국대학교에 재직하며 한일 문화교류 연구에 힘을 쏟았던 연구자로 당시 학문적 명망이 높았다. 『실력국문해석법』은 그러한 김사엽이 1953년 무렵 대양출판사에서 출간한 책이었다. 저자는 이 책에서 현대문학과 고전문학 작품들을 대거 소개하는 한편 각 작품마다 주를 달아놓음으로써 독자로 하여금 텍스트의 해석을 돕도록 했다.

그런데 그 책에 송신용이 교주한 『한양가』 중 일부(310~317쪽)가 소개되어 있었다. 본문에 대한 자세한 설명과 주가 달려 있는 것을 본 송신용은 개인적으로 너무나 기쁘고 반가웠다. 이 책 서문에 "박약薄弱하고 조루粗漏하며 황당荒唐한 글과 주해를 시정하려는 의도에서 출간한다"고 밝혀놓았기 때문에 그 책에 수록된 자신의 교주본 『한양가』의 실수는 당연히 수정되어 있을 것으로 생각했기 때문이다. 그러나 정작 그 부분을 살펴보니 그 책에 소개되어 있는 주석 역시 송신용 자신이 잘못 달은 주석 내용을 그대로 싣고 있었던 것이다. 송신용은 적잖이 실망했다. 아니 오히려 화가 났다. 이 책에서 자신이 잘못 교주한 내용이 바로잡혔다면 자신의 실수도 용서받을 수 있고, 저자 김사엽이 주장하던 철저한 고증도 빛을 발할 수 있었을 텐데, 그 기대가 여지없이 무너졌기 때문이다.

결국 송신용은 학술지인 『국어국문학』에 김사엽이 『실력국문해석법』에서 주장하는 고증의 철저함이란 남한테 먼저 요구하기 전에 자신에게 적용해야 한다고 기고했고, 자신의 잘못된 주석 내용을 공개적으로 알리는 기회로 삼았다. 평소 두 사람은 교분이 두터웠지만 송신용은 김사엽의 실수를 밝히는 것을 조금도 꺼리지 않았다. 송신용의 지적은 상대를 폄하하려는 마음에서 비롯된 것이 아니라, 한 글자라도 틀린 부분이 있다면 이를 제대로 바로잡아야 마음이 후련해지던 그의 꼬장꼬장한 성격과 장인적 기질에서 기인한 것이었다.

여기서 한 가지 재미있는 사실은 김사엽의 철저하지 않은 고증을 질타한 송신용 자신도 정작 이 글 「오주의 전재」에서 실수를 저질렀다는 점이다. 글 앞부분에서 김사엽의 저서를 『실력국문해석법』이 아닌 『실력국어해석법』으로 표기한 것이다. 교정과 교열의 중요성은 동서고금을 막론하고 아무리 강조해도 지나치지 않는다.

중국과 일본의 서적 중개상

중국

전통적으로 중국에서는 사회 계층을 크게 식자층과 비식자층으로 구분하는데, 농공農工에 종사하는 이들을 제외하고는 모두 식자층이었다고 해도 과언이 아니다. 황제를 정점으로 관료·지방귀족·대상인大商人이 상층계급을 이루고, 과거수험생이나 승도僧徒, 일반 상인들이 중간계급을 형성했다.[4] 따라서 중국의 서적 중개상들이나 서적상들은 중상층에 속해 있으면서 일정한 지식과 지위를 갖고 활동하던 이들이었다. 중국에서는 이런 상인들 중에서 서적 중개상을 이른 시기부터 '서쾌'라고 불렀는데, 당나라 때 이작李綽이 편찬한 『상서고실尚書故實』에 서쾌가 등장한다.

> 서쾌인 손영孫盈이란 사람이 있었는데, 이름이 널리 알려졌었다. 손영의 부친은 중용仲容인데, 그 또한 그림을 잘 감정하고 품목品目에도 뛰어났기 때문에 부유한 집안에서 보물처럼 여기는 많은 책은 그의 손을 거쳤다.[5]

그런데 중국에서의 '서쾌'가 돌아다니며 책을 거래하던 이들을 가리키는 것인지, 고정된 가게에서 서적을 취급하던 이들을 의미하는 것인지 확실하지 않다. 조선의 책쾌처럼 '이동'하며 '흥정'하던 이들뿐 아니라, 서적을 취급하던 '서적상書籍商(줄여서 '서상')', 전반을 지칭하는 의미로 사용되기도 했기 때문이다. 흔히 중국에서 서쾌는 서적이나 서화의 판매를 중개하는 사람을 이르는 말이지만, 넓은 의미에서는 '서적 매매를 주요 경영수단으로 삼는' 서상이나 서사書肆, 곧 서점까지 포함하는 명칭으로 통용되었다.[6]

중국의 서책들은 대개 남쪽 지방에서 올라왔다. 이어李漁의 『여한자거서與韓子蘧書』에서는 청나라 초기에 '서선書船'이라 불리는 배에 책을 싣고 올라와 각지에 책을 빌려주는 사람이 있었다고 전한다.[7] 이것은 당시에 배를 이용해 북경과 각지를 연결하는 서적 공급 형태를 갖추고 있었음을 보여준다. 특히 양자강을 중심으로 한 지역에서는 문인과 지식인이 선호하는 경학 위주의 작품들과 서민 취향의 통속소설이나 대중문학, 한자입문서 등이 넓은 독자층을 확보하면서 출판되었다.

이처럼 중국에서의 서선을 이용한 서적 유통은 매우 독특한 방식이었다. 특히 16세기 이후 유명한 장서가들이 비싼 돈을 주고서라도 책을 사려는 경향이 강해지면서 필사보다 구매에 의한 수서收書 방법을 선호했다. 물론 이전에 출판된 적이 없거나 목판이 없는 자료의 경우, 서로 돌려가며 베껴 쓰고 공유하는 필사문화가 청 대에 강남의 출판과 더불어 장서가들의 장서문화를 이루었던 것은 사실이다.[8] 그러나 희귀본이 아닌 일반 서적의 경우, 흔히 필사가 아닌 출판물로 유통되었다. 또한 몰락한 선비나 생원 중에서도 장서가가 출현하게 되는 상황에서 책에 대한 수요의 급증은 당연한 결과였다. 이런 변화를 충족시켜 줄 수 있었던 서적 유통 수단 중 하나가 바로 강남의 수로水路를 오가던 서선이었다.[9] 당시 중국인들은 이 배를 '이동서점移動書店'이라고도 불렀다. 16세기 중반, 당시 유명한 작가였던 귀유광歸有光은 "절강인浙江人 대부분은 오중吳中(소주蘇州 근처)을 왕래하면서 서적 판매를 업으로 하고 있다"[10]고 기록할 만큼 강남에서 서선을 타고 다니며 서적 판매에 종사하던 이들이 적지 않았다. 서선은 강남의 귀족이나 지식인이 서책을 구입할 때 없어서는 안 되는 중요한 루트 중 하나였던 것이다. 서선을 직접 소유한 이도 있었지만, 배를 빌려 영업을 하던 이들도 있었다.

1551년, 애서가愛書家로 유명했던 손루孫樓는 자신의 장서목록에 직접 서문을 썼는데, 그 서문에 다음과 같은 내용이 있다.

> 나는 책을 애호하는 것이 점점 더 심해져 거의 병적이라 할 만했다. 때때로 미가선米家船이 올 경우 나는 다른 사람들보다 먼저 달려가 배에 덮여 있는 거적을 옮겨놓고 멋대로 서책을 찾았으니 상인 역시 고생이 이만저만이 아니었다.[11]

미가선이란 원래 북송北宋의 문인 미불米芾이 평소에 자신의 서화를 싣고 다니던 배를 일컫던 말이었는데, 이것이 널리 통용되면서 책을 실어 나르던 서선을 지칭하게 되었다. 손루 같은 애서가에게는 서적을 구하기 위해 먼 곳이라도 마다하지 않고 서선이 닿는 곳으로 달려가는 것은 하나도 이상한 일이 아니었다. 자신이 원하는 서적을 구하지 못할지도 모른다는 불안감으로 서선의 도착 여부에 신경을 쓴 것은 물론, 다른 누구보다 먼저 그 서선에 오르고자 한 것 또한 너무나 당연했다.

절강성 오정烏程 사람인 심절보沈節甫 또한 애서가였는데, 그가 '책을 파는 자와 만나게 되었을 때 그자가 자신에게 책을 팔지 않고 그냥 가면 어떻게 하나, 팔고 간 후 다시 오지 않으면 어떻게 하나, 돈이 부족해 선본을 구하지 못하면 어떻게 하나, 값이 싼 것을 제대로 골라 구입할 수 있을까'라는 식의 걱정을 하며 지냈다는 일화도 전한다.[12] 여기서 심절보가 만났다는 '책을 파는 자'는 서선에서 책을 매매하던 서적 중개상을 가리킨다. 이처럼 서적 중개상을 만나지 못할 것을 염려할 만큼 서적 거래에서 주도권은 공급자에게 있었다.

이렇게 서적 유통이 활발했던 만큼 책을 팔기 위해 서선들이 상류층 장서가의 집 앞에까지 모여드는 일도 있었다. 서적 간행자이면서 급고각汲古閣을 지어 그곳에 수많은 장서를 보유했던 모진毛晉의 집이 바로 그러했다. 일반적으로 상류층 장서가들은 서점에서 서책을 입수했지만, 모진은 서책을 구입하기 위해 집 앞에 다음과 같은 광고문을 붙여놓았다.

> 송참본宋槧本을 가지고 오는 자가 있다면, 집주인은 면 수대로 돈을 지급합니다. 면마다 이백二百을 드립니다. 구초본舊鈔本을 가지고 오는 경우, 면마다 사십四十을 드립니다. 요즘 나온 선본을 가지고 오는 경우, 다른 집에서는 일천一千을 주지만, 이곳 주인은 일천이 백一千二百을 드립니다.[13]

이러한 광고는 서책 유통을 담당하거나 개인적으로 책을 소장하고 있던 이들의 입맛을 크게 자극했을 것이다. 결국 당시 호주湖州에 있는 서선들이 모진의 대저택 앞에 대거 운집할 정도로 성황을 이루었다. 가히 서책 거래의 흥성함을 짐작할 만하다. 그 당시 "360여 가게가 책을 모진에게 파는 것만 같겠는가?"[14]라는 말이 회자될 정도로 모진에게 책을 파는 일은 분명 남는 장사였다. 이런 방식으로 모진은 장서가로 그 이름을 날렸고, 이러한 장서가의 구매 욕구에 부응하기 위해 서적 중개상들과 출판업자들 또한 빈번하게 그의 집을 드나들 수밖에 없었다.

한편, 중국에서는 서적상은 아니지만 서적의 출납과 외국 사신과의 서책 매매를 담당하던 '서반序班'이라는 이들이 있었다. 이들은 일종의 서리직書吏職을 맡은 관리로 인쇄업이 발달했던 중국 남방의 외성外城에서 선발된 사람들이었다.

서반序班은 곧 제독부提督府[15]의 서리인데 오래 지나면 그중에 관직에 올라 지현知縣(현縣의 우두머리)[16]이 되는 자가 있다. 우리나라 사람이 연경의 사정을 알고자 하면 서반을 통해 알기를 구하는데, 서반은 급히 거짓 문서를 작성해 두 배의 값을 받고 역관을 속였다. 이러한 이들이 많았으니 이들은 남방 출신이요, 서책은 모두 남에서 올라와 여기(북경)에 이른다. 매매를 담당한 무리들은 우리나라에서 이른바 쾌인儈人이라 부르는 이들과 같다. 역관은 그들 사이에 있어 사신들이 책자를 구매하고자 하면 반드시 역배譯輩들로 하여금 모든 서반을 찾게 하니 피차 서로 간에 이익이 있는 고로 그 나눔

과 결속력이 심히 깊었다.[17]

이 글은 연행사燕行使가 되어 중국을 다녀온 이의현李宜顯(1669~1745)이 쓴 것이다. 여기서 서반은 제독부에 속한 서리지만 중개업자[儈人]와 같다고 했다. 서반의 임무 중 하나가 서책 매매를 담당했기에 국내의 책쾌와 비슷하다고 지적한 것으로 보인다. 엄밀히 말해 서반은 서적 중개상이라기보다는 조선 사신과 역관을 상대로 제한적 서적 매매를 행하던 관리들이었다.

서반은 특히 우리나라 사신들이 책을 구입하고자 할 때 중개자 역할을 했다. 그들은 조선의 역관과 긴밀한 관계하에 조선 사신들이 필요로 하는 것을 빠른 시일에 구해주었다. 조선 사신들이 서적을 구입하고 싶으면 먼저 역관에게 맡기고 역관은 이를 서반에게 의뢰했다. 그러면 서반은 필요한 책을 구해 조선 사신들과 흥정을 한 후 팔았다. 그런데 문제는 이들이 자신들의 권한을 남용해 부정을 일삼으며 폭리를 취했다는 점이다. 따라서 그들이 책을 구해주는 과정에서 저지른 부정과 횡포는 조선 사신들에게 큰 골칫거리였다.

서반들이 이준移准하는 숫자가 서로 다른 것을 가지고 여러 날을 버티더니 끝내는 자꾸만 뇌물을 토색하므로, 역배들이 여러 차례 절감折減하여 겨우 300으로 결정했다. 그런데도 서반은 불만족한 마음을 가지고 농락籠絡하고자 하여 말하기를, "문서를 입계入啓하기 전에 고쳐 쓸 수는 없다. 우리들이 마땅히 말썽 없이 도로 내려오는 방법을 도모하리니 그때를 기다려서 가져다가 고쳐 쓰는 것이 좋다" 하므로, 역배가 대답하기를, "만일 이와 같다면 무엇 때문에 뇌물을 쓰겠는가?" 하니, 서반이 비로소 고쳐 쓰는 것을 허락했다. 그래서 오늘 사자관寫字官과 함께 서반이 있는 곳에 가서 자문咨文을 찾으니, 서반이 품속에서 꺼내주며 매우 난처한 빛을 보이고, 또, 몰래 고쳐 다른 사람으로 하여금 보지 못하게 하려 했다고 한다. 대개 자문은 본래 예부에서 청서淸書로 번역하여 입계入啓하는 것으로 원래 휴지休紙와 같은 것이라 품속에 넣어두고 있는 것이다. 그렇다면 한때 고쳐 쓰게 하는 것이 무슨 불편이 있기에 반드시 비밀히 하게 하고 또 뇌물을 토색하는지 모르겠다. 따라서 저 무리의 정상과 나라의 기강을 알 수 있다. 요구대로 하지 않으면 형세가 장차 사단이 생기겠기로 뇌물 300을 주고 수효를 고쳐 쓰지 않을 수 없었으나, 이 일은 극히 해괴한 것이다.[18]

이 글에는 구입하려는 서적의 숫자가 다르다는 이유를 내세워 서반이 뇌물을 요구하는 상황이 자세히 기록되어 있다. 서적을 포기할수 없던 조선 사신들로서는 뇌물을 토색하는 서반의 작태가 해괴하고 이해하기 어려운 일이라고 생각하면서도 어쩔 수 없이 웃돈을 주고 책을 구입해야만 했다. 이렇듯 중국에서 서반들이 부정한 수법으로 이익을 취할 수 있은 까닭은 서책 유통이 제약된 환경에서도 조선 사신들의 서책에 대한 미련과 욕망이 강했기 때문이다. 물론 조선 사신들이 구입한 서적 중 일부는 서반들에게서 개인적으로 받은 것도 있었다. 특히 잡서雜書는 서반들이 사사로이 가져다가 조선 사신들에게 주기도 했다. 그러나 이들의 잘못된 서적 거래 관행은 조선으로의 서적 수입에 적잖은 걸림돌이 되었다.

백사白沙 이항복李恒福은 조선 사신들이 북경의 관소館所에 머물 때마다 반드시 찾아와 책을 팔던 중국 서적상이 인상적이었는지, 그의 문집에 왕씨王氏라는 중국 서적 상인이 관소로 책 수십 권을 안고 와서 흥정을 하며 조선의 사신들에게 책을 팔던 장면을 기록하기도 했다.[19] 여기에 덧붙여 그는 국경을 넘어 북경을 오가는 길에서 책을 팔거나 구하러 다니던 중국 책장수들을 보았다는 기록도 남겼다. 이들은 서적을 찾던 조선 사신들을 상대로 책 매매를 하던 중국 서적상들이었다.

한편 청 대에는 유명한 서적 중개상들이 많았는데, 서점 감고당鑑古堂을 운영하면서 서적 중개상 노릇을 하던 위씨韋氏 노인도 그중 하나였다.[20] 일흔 살쯤 된 위씨 노인은 비쩍 마른 얼굴을 하고 하루 종일 조정 신하들의 집을 분주하게 찾아다니며 책을 구하고 팔던 위인이었다. 노위는 책을 좋아하는 사람을 한번 보기만 해도 상대방이 어떤 종류의 서적을 좋아하는지 알 수 있었다. 그래서 그는 상대가 좋아하는 책을 먼저 제시한 뒤 비싼 값을 받곤 했다. 그런데 값을 깎으면 팔지 않았기 때문에 그를 좋지 않게 본 사람들도 많았다. 이 밖에도 유리창의 오류거五柳居 주인이었던 도정상陶正祥 역시 강남 각지를 돌아다니며 많은 고서적을 찾아내 사고관四庫館에 납품했으며, 고판본에 대한 안목이 비범하고 박식해 서적에 관한 한 여러 조정 신하들에게 조언까지 해주던[21] 서적 중개상이었다.

명나라 말기 이후로 강남 지역에서 출판과 서적 유통이 폭발적으로 늘어나자, 중국 전역으로 책을 유통시키는 일이 가능해졌다.[22] 그것은 장거리 무역 서적 중개상과 상인들이 있었기 때문이다. 관청이나 국가가 아닌 개인 위주의 서적 간행이 성행하자, 장거리 유통을 전문으로 하던 서적 중개상들에 대한 수요가 늘어난 것이다. 그리하여 남방에서 출판된 수백 권의 서적들이 서선을 이용해 장거리를 오가는 전문 서적 판매상인들에 의해 북경으로 운송되었다.

북경이나 소주, 항주 같은 대도시에는 수많은 서점이 있었지만 그 수가 서적 중개상들보다는 많지 않았다. 서적 중개상들은 지방의 과거시험 일정에 맞춰 시험 대비 관련 서적을 전시하거나 하여 그것을 필요로 하는 사람들에게 판매하기도 했다. 서적 거래는 정해진 곳에서만 이루어진 것이 아니었다. 서적 중개상들은 가게나 식당 등을 포함해 손님들이 찾을 수 있는 곳이라면 어디서든 책을 팔았다. 시장은 물론 축제와 시가지 퍼레이드가 열리는 장소나 종교 의식이 거행되는 장소 등에서도 서적 거래가 이루어졌다.[23]

일본

일본에서는 세책업이 일찍 발달했다. 세책점 또는 세책업자를 흔히 '가시혼야[貸本屋]'라고 부르는데, 일본에서는 책 대여상들이 우리나라의 책쾌나 중국의 서쾌처럼 인기 있는 책들을 등에 짊어지고 가가호호 돌아다니며 서적을 대여해주었다.

그렇다고 일본에 서적 중개상이 없었느냐 하면 그것도 아니다. 문자 그대로 행상하며 책을 팔던 '교우쇼우혼야[行商本屋]'가 있었는데, 이들은 주로 소책자와 책을 팔기 위해 돌아다녔다. 삽화가 들어간 이야기책인 에조시[繪雙紙][24]만을 전문적으로 팔러 다니던 사람 또는 가게는 특별히 '에조시야[繪雙紙屋]'라 부르기도 했다. 교우쇼 우혼야는 그야말로 범칭 용어였다.

교우쇼우혼야는 가시혼야처럼 전통적인 일본 옷에 앞치마를 걸치고 자신의 키보다 높은 책 보따리를 짊어지고 단골손님 집을 순회하며 신간 소설과 전쟁에 관한 이야기책인 군기軍記, 삽화가 많이 들어간 소설인 구사조시[草雙紙], 읽기 중심의 문예서인 요미혼[讀本], 소설 형식의 역사 이야기인 패사稗史 등을 취급했다. 일본의 서적 중개상들은 17세기 초부터 활동했는데, 교우쇼우혼야는 귀족이나 상류층 독자만을 상대로 거래한 것이 아니라 일반 서민들까지 대상으로 삼았다. 그래서 그들은 지방의 시골에까지 책을 팔러 다니기도 했다. 교우쇼우혼야는 단골로 거래하던 고객들에게서 책을 사들인 후 이것을 필요로 하는 사람들에게 팔아 마진을 남기는 방법으로 영업을 했다. 고객의 요구에 부응할 수 있는 신간 서적을 구하기 위해 다른 지역에 가서 입수해오기도 했다. 또한 교우쇼우혼야는 책 판매 외에 취급한 책의 표지를 붙여주거나 수리해주는 일도 했다.[25] 이는 어떤 면에서 서비스 정신에 충실하고자 한 이들만의 영업 방식이었다고 할 수 있다.

그런데 가시혼야와 교우쇼우혼야는 영업 방식 내지 형태가 상당히 유사해 양자 간의 변별성이 두드러지지 않는다. 물론 가시혼야는 세를 받고 책을 빌려주는 것이 주요 업무였던 반면, 교우쇼우혼야는 대여보다 판매에 초점을 두었다는 점이 다르긴 하다. 그러나 정작 교우쇼우혼야 중에는 책을 파는 것뿐 아니라 책을 빌려주는 일까지 했던 이들이 있기 때문에 가시혼야와 뚜렷이 구별되지 않는다. 17세기 삽화나 병풍화屛風畵나 풍속화를 색도 있게 인쇄한 목판화[錦繪] 등에 그려진 그림을 보면 가시혼야로 알려진 것과 동일한 모습의 교우쇼우혼야가 등장한다. 이것으로 교우쇼우혼야가 가시혼야를 겸했다고 추측할 수 있다. 다만 시기상 교우쇼우혼야가 가시혼야보다 앞선 17세기 초부터 활동한 흔적이 보이고, 18~19세기에는 책을 빌려주는 영업 위주의 가시혼야가 득세한 데서 그 차이를 확인할 수 있다. 곧, 에도[江戶] 시대 초기에는 책을 팔기도 하고 대여도 하던 교우쇼우혼야가 활동하다가 시민 계급인 조닌[町人]들이 문학 독자층으로 급부상하면서 이들을 주된 고객으로 삼은 가시혼야가 성행한 것이다. 교우쇼우혼야의 영업 방식을 가시혼야가 벤치마킹한 결과로 볼 수도 있다.

이러한 변화는 새로운 독자층의 취향과도 연결된다. 일본에는 일찍부터 책방[本屋]이 설치되어 있었기에 돈 있는 귀족이나 지방의 촌장, 부농 등은 책방에서 직접 책을 살 수 있었다. 그러나 대부분의 경우에는 일부러 책방에 나가 책이나 문방구를 구입하기보다 교우쇼우혼야나 가시혼야의 순회 방문을 기다렸다가 책을 구입했다. 그러던 것이 17세기 이후 점차 시민 계급이 소설 독자의 주류로 나서게 되고, 그들이 가시혼야에게서 싼 값에 재미있는 오락용 책과 소설류를 빌려 보는 것을 선호하게 되자 교우쇼우혼야는 쇠퇴하고 가시혼야가 주를 이루게 된 것이다.

4장

조선의
마지막
책쾌로
남다

넉넉한 인심, 분명한 소신

해방 후 송신용은 정치와 관련해 개인적으로 자유당 이승만 정권을 유독 싫어했다. 그래서 그는 신문을 보다가 이승만 대통령 관련 기사가 나오면 그 위에 엑스 자 표시를 해가며 반감을 노골적으로 드러내곤 했다. 독재와 자유당 정치에 대한 반감을 그런 식으로 나타낸 것이다. 그때 그는 이미 70대 줄에 이른 노인이었지만, 세상을 보는 시각과 정치적 소신만큼은 변함이 없었다. 송신용은 평소 담배를 즐겨 피웠는데, 자유당 시절에는 담배를 끊었다. 자유당이 망하는 것을 보기 전에는 절대 담배를 다시 피우지 않겠노라는 자기 의지의 표현이었다.

그러나 송신용도 나이는 어쩔 수 없었다. 말년에 그는 기억이

가끔씩 혼미해지기도 하여, 나중에 실수하지 않도록 소장하고 있던 고서들 중 일부를 서둘러 고객에 팔기도 했다. 이후 송신용은 시간 나는 대로 『창덕궁가彰德宮歌』를 교주하며 지냈다. 그가 마지막으로 교주한 것으로 보이는 이 작품은 아직 발견되지 않았다.

송신용은 보문동(현재 서울시 성북구 소재)에서 살던 1962년에 향년 78세로 세상을 떠났고, 망우동에 있는 공동묘지에 안장되었다. 그의 죽음을 안타까워하던 이들은 그를 진정한 서적 중개상이자 학자로 평가했다. 장서가 김약슬이 자신의 회고록에서 송신용의 생애와 공적을 설명해놓은 것이 대표적이다.

운수雲水처럼 방방곡곡 떠돌아다니며 고경古經을 발견한 한상윤 노인이 있는 반면, 수도를 중심하여 궁가宮家나 관가官家, 혹은 잡물노점雜物露店에 이르기까지 내방가사·소설류 등의 국학 자료를 끄집어내기와, 심지어는 부마駙馬나 공주·옹주翁主들의 녹패지祿牌紙 등속에 이르기까지 주력 수집했고, 책을 파는 집은 망하는 집안이라 해서 아쉬워 팔고 싶어도 남의 이목이 무서워서 엄두를 내지 못하는 그런 자리를 잘 요리한 송신용 노인이 있다.[1]

그의 의지는 늙지 않았다. 말년에 이르러 건망증이 그를 괴롭게 하기도 했으나 여가에 『창덕궁가』를 교주하고 있었고, 광부가 광맥을 찾듯 타인이 알지 못하는 범연凡然 · 평범平凡한 가운데서 찾아낸 문화재를 늘 주시하였다. 그것은 그가 남긴 일기 가운데 여묵餘墨이 들어 있기도 하다. …… 세상에서 위인이나 범부凡夫를 막론하고 역경이 없지 않다고 누가 말하리오만, 서적을 벗하여 일생을 보낸 송 노인은 진리를 찾아 살았던 것이 또한 행복하였으리라고 보겠다. 송 노인이 일생 동안 쌓은 것은 우리나라의 문화재를 되찾아놓은 것이 생의 전부라 해도 좋을 것이다.[2]

송신용 같은 서적 중개상, 아니 재야 학자가 있었기에 일제 강점기와 한국전쟁을 거치면서 사라질 뻔했던 수많은 전적들이 소멸되지 않고 현재까지 보존되고 계승될 수 있었다. 돈에 연연하지 않았으며 학식을 갖추고 당대 문인들과 지식인들에게 필요한 서적을 공급하며 지식 확산의 전령사로서 마지막 불꽃을 태우다 간 송신용. 그가 이 세상을 떠난 지 아직 50년이 채 되지 않았지만, 그에 대해서는 알려진 것이 별로 없다. 더 늦기 전에 그를 만난 것은 천만다행이라 하겠다.

송신용은 너무나 인간적이었으며, 소박하고 정감 있는 위인이었다. 비록 체격은 작았지만 인심만큼은 넉넉했으며, 나라를 생각하는 애국심과 남에게 무언가 베풀려는 마음씨는 한반도를 품고도 남을 만큼 넓고 깊었다. 일례로 그는 자기 집 화장실을 치우는 잡부나 막일하는 사람에게 북어포와 고추장을 내놓고 대접하곤 했으며, 어떤 손님이 오더라도 허술하게 대하지 않고 상대방을 극진히 모시는 것이 인간된 도리라는 점을 누누이 가족들에게 강조하곤 했다.

그의 인심을 확인할 수 있는 또 하나의 예가 있다. 이웃 중에 참외를 파는 이가 있었는데, 송신용은 이웃사람이 내놓은 참외 중 깨지거나 상한 것을 일부러 사가지고 오기도 했다. 자녀들은 돈 주고 사는데 왜 성한 참외를 사오지 않느냐며 투덜댔지만 오히려 그는 이웃이 못 팔 것을 팔아주는 것이 좋은 일이 아니냐고 했다. 자식들로서는 도저히 이해할 수 없었으나 송신용은 늘 이렇게 남을 배려하며 착하게 살려고 노력했다. 그는 상대방을 한번 보면 그 사람이 어떤 사람인지 금방 알 수 있었다. 그래서 자식들한테도 늘 남에게 흠 잡히지 않는 사람이 되라고, 그리고 품위 있는 삶을 살라고 당부했다.

송신용은 자식들에게 화를 내거나 야단을 치는 일이 별로 없었다. 성격이 온화했을 뿐더러 나이 들어 낳은 귀한 자식들인지라 자식에 대한 사랑이 남달랐던 것이다. 막내딸 송방실을 얻었을 때 송신용은 이미 예순두 살로 할아버지 소리를 들을 나이였다. 그래서였을까. 그는 자식들 모두에게 한없이 자상했다. 그러나 예외가 있었다. 그가 소중하게 취급하던 책에 함부로 손대는 일은 절대로 용납하지 않았다. 또한 그는 매사에 꼼꼼하고 철두철미했으며 나랏일에 관해서는 신조가 분명했고, 자신의 정치적 소신을 밝히는 데 주저함이 없었다.

송신용의 꼬장꼬장한 성품과 소신은 평소 생활과 대인관계에서도 고스란히 나타났다. 그의 기본 철학은 유교 사상에 바탕을 두고 있었다. 삼남 송석경은 소학교를 다닐 때 생활기록부에 종교가 무엇인지 적어야 했는데, 그때마다 그는 '유교'라고 적었다. 송신용은 자식들에게 "우리 집안은 유교 집안이며 유교 법도대로 살아야 한다"고 강조하곤 했다. 생활은 물론 의식적으로도 유교적 가치관을 중시했고, 그와 함께 유자다운 삶을 추구하며 진지하게 살고자 했던 것이다. 딸들이 어렸을 적에 머리카락을 절대 자르지 못하게 한 것도 바로 이와 같은 유가적 가치관 때문이었다.

송신용은 가슴속에 항상 조국을 품고 있었다. 1936년 제11회 베를린 올림픽 마라톤 경기에서 손기정 선수가 우승하고 귀국했을 때, 송신용은 조선인의 기개를 드높인 위대한 사건이라며 손수 여덟 살 난 큰딸 송명희를 데리고 공항에 나가 열렬히 손기정 선수를 환영하기도 했다. 당시 누가 일부러 공항까지 나가 환영할 생각을 했을까 싶은 시절에 송신용은 열혈남아처럼 나라 잃은 망국민으로서 민족의 정체성을 가슴 깊은 곳에 담아놓았던 것이다. 더욱이 한국인으로서의 정체성을 어린 딸에게 심어주기 위해서는 직접 현장에 나가 몸으로 깨닫게 해주는 것보다 더 나은 방법도 없었다. 이런 그의 모습은 가히 지사志士다운 면모를 방불케 한다.

송신용이 민족의 정체성을 지키고 나라를 사랑하는 데 투철했음을 보여주는 또 다른 일화가 있다. 1930년대 후반 이후 일제는 황국신민 사상을 내세우기 위해 우리나라 백성들에게 창씨개명을 강요했다. 그러나 송신용은 끝내 자신의 소신을 굽히지 않고 창씨개명을 거부했으며, 그의 자녀들에게도 창씨개명을 하지 못하게 했다. 큰딸 송명희의 소학교 졸업장에는 '송명희'라는 한글 이름 석 자가 또렷하게 적혀 있다. 송신용은 그 졸업장을 그 무엇보다도 자랑스럽게 여겼는데, 졸업장을 받아들고 덩실덩실 춤을 추며 기뻐할 정도였다. 물론 이런 결과를 얻기까지 그가 학교는 물론 교사들과 얼마나 많은 실랑이를 벌였는지는 굳이 말할 필요가 없다. 그는 책을 사랑하기 이전에 조국을 사랑한 뜨거운 한국인이었다.

마지막 서적 중개상의 발자취

송신용은 생계를 유지하기 위해 서적을 중간에서 구입, 판매하던 전문적인 서적 중개상이었지만, 그는 결코 재리財利를 앞세우지 않았다. 한번은 그가 조선 왕조 말기에 공조판서工曹判書를 지낸 연재淵齋 윤종의尹宗儀의 수택본手澤本을 입수할 기회가 있었다. '수택'은 문자 그대로 '애무愛撫해서 손때가 묻어 윤기가 난다'는 뜻이니 '수택본'은 유명 인사가 생전에 가까이 두고 애독하고 아끼던 책을 말한다.

이때 송신용은 윤종의가 소장하고 있던 서책을 5만 환에 구입해 되팔아 큰 이득을 보았다. 그런데 윤종의가 별도로 『증보산림경제增補山林經濟』를 5,000환만 내고 사라고 하자, 송신용은 그 책의 가치를 볼 때 5,000환이 너무 싸다고 여겨 오히려 요구한 값의 두 배인 1만 환을 지불하고 구입했다는 일화가 전한다. 좋은 책이라면 부른 값보다 더 비싸게 주고 책을 구입하는 사람이 바로 송신용이었다. 돈과 이익보다 책의 가치를 중요하게 여기던 송신용의 철학을 엿볼 수 있는 흐뭇한 장면이다.

송신용이 평범한 서적 중개상과 구별되는 또 다른 점은 바로 그가 공부하는 상인이었으며, 후학을 배려하고 계몽啓蒙에 힘을 쏟은 순수한 지식인이었다는 것이다. 또한 그가 방대한 분량의 『한양가』를 교주하는 일이 번거롭고 수고스러운 일임을 잘 알면서도 현대어 주해에 매달렸던 이유도 단 하나, 바로 사라져가는 옛 전통문화와 우리말에 대한 보전 의식 때문이었다. 그는 옛 문헌을 읽지 못하는 세대가 점점 늘어나면서 선조들의 자랑스러운 정신적 유산이 계승되지 못하고 단절되는 것을 크게 염려한 나머지 그 어려운 『한양가』 교주를 시작했던 것이다. 이처럼 송신용은 고서와 전통을 후대에 올바로 물려주어야 한다는 사명의식과 애정이 각별했다.

이뿐 아니라 송신용은 자신이 소장하고 있던 장서 중 일부를 뜻있는 연구자와 기관에 선뜻 기증해 자료를 공유할 수 있는 길을 열어놓은 호인好人이기도 했다. 예를 들어, 연세대학교 고문헌실에는 1796년(정조 20)에 용주사龍珠寺에서 간행한 『불설대보부모은중경佛說大報父母恩重經』이 소장되어 있는데, 이 책은 연세대학교 총장으로 재직하고 있던 용재庸齋 백낙준白樂濬의 환갑을 축하하는 의미로 송신용이 기증한 것이다. 그런데 말이 환갑 축하 증정 도서이지 이처럼 귀중본 고서를 대학 도서관에 기증한 것은 다른 이유보다 장차 많은 후학들에게 이 책을 연구할수 있는 기회를 주기 위해서였다. 이러한 송신용의 남다른 소신과 관심사는 당대에 이미 다른 학자들에게서 인정을 받았다.

『고금소총』 편자 송신용 옹은 서고書賈로 반생半生을 지낸 분이

나, 본래 호학好學의 사士로 특히 민속자료 모집에 뜻을 두어 가
사歌詞를 모은 것만도 일서一書를 이룰 만한데, 스스로 교정하고
스스로 구점句點을 찍어, 먼저 『고금소총』 간행의 장의壯志를 실
현하니, 그가 아니면 탐색探索할 수 없는 이 방면의 진기한 비장
秘藏을 원문 그대로 간행함은 엽기적이 아니고 학적學的인 태도
이다.3)

이 글은 『조선고금소총朝鮮古今笑叢』이 간행된 후 홍순혁洪淳
赫이 송신용을 평가한 내용 중 일부다. 홍순혁은 송신용이야말
로 학문을 좋아하는 선비요, 소중한 서책 수집가이자 훌륭한 재
야 민속학자와 다름없노라고 했다. 그만큼 송신용이 활동하던
시대에 이미 그의 진면목과 가치를 알아보았다고 할 것이다. 특
히 송신용이 교주하거나 필사하고 소개한 『한양가』, 『강도몽유
록』, 「피생명몽록」, 「여용국전」, 「배시황전」 등은 국문학계에서
중요하게 다뤄지거나 취급될 만한 작품들이었다. 송신용은 조
선 후기에 서울 지역에서 활동했던 서적 중개인의 모습을 간직
하고 있었던 마지막 세대였다.

서적 중개상, 그 아름다운 진실

해방과 함께 찾아온 자유의 물결, 분명 그 속에는 읽거나 갖고 싶은 도서를 구하고 싶다는 욕구로 넘실대던 흔적이 존재했다. 그러나 이미 어딘가에 처박혀 있거나 꼭꼭 숨겨져 있는 서적들은 적재적소로 공급은 고사하고 그것의 수요조차 이루기도 어려웠다. 이렇게 사회적 혼란이 가중되고 체계적인 보관과 유통 시스템의 부재 속에서, 서적이 온당한 역할을 하고 마음에 맞는 주인을 만나 안착하기 위해서는 이를 이끌어줄 안내자가 필요할 수밖에 없었다. 특히 신간 도서가 아닌 고서나 한문으로 쓴 책일 경우, 유통에서의 안내자는 더욱 필요했다. 전쟁이 쏟아낸 잿더미 속에서 사라질 뻔했던 수많은 전적과 문학 작품들을 건져 올려 생명을 부여해주는 일도 누군가가 감당해야만 했다.

따라서 서적 중개상을 단순히 경제활동가나 근대 이전의 서적상 정도로 이해해서는 안 된다. 도서의 유통과 출판, 보급과 소비는 경제적 부가 이익 창출에 그치거나 중립성을 허용하는 활동이 아니라 문화적, 혹은 어떤 일정한 가치 내지 의식을 바탕으로 하는 투쟁적 활동의 결과이다. 다시 말해, 책은 단지 종이로 만들어진 물품일뿐 아니라 사상과 감정의 전달매체라는 뜻이다. 책쾌는 그저 책을 파는 것으로 끝나는 것이 아닌 책의 보급과 유통으로 사회와 문화에 일정한 영향을 끼쳤던 '문화 활동가였다는 점을 분명히 인식해야 한다.

  서적 중개상들은 서점처럼 정보와 문화의 메시지를 전파하던 커뮤니케이션 통로의 제일선에 서 있었다. 이들은 일찍부터 문화의 꽃을 피운 국가, 곧 중세를 거쳐 근대를 이룩한 문화적 전통이 강한 나라에서 열악한 서적 유통을 극복하고자 자생적으로 생겨나 활동하던 사회적·문화적 상징물이다. 역사가 유구하고 문화적 전통과 지적 유산이 풍부한 나라일수록 근대 이전에 일찍부터 서적 중개상의 역할과 비중이 더 컸던 이유도 바로 여기에 있다. 이들의 영향은 문화적 측면뿐 아니라 경제적 측면에서도 마찬가지였다.

  행상行商을 남자가 하기에는 비천한 행위로 보았던 사마천司馬遷조차도 거만금巨萬金을 소유한 이는 한 나라의 임금[王者]이 누리는 즐거움을 같이한다고 했다.[4] 단순히 재물을 많이 소유한 사람이 행복하다는 것이 아니라 재물의 주인이 따로 없기에 천대받던 행상업 종사자라 해도 부를 축적할 수 있고, 그 과정에서 스스로 만족하며 즐거움을 얻을 수 있다는 말이다. 서적 중개상이 실물경제에 제왕 버금가는 영향을 끼쳤음을, 그러한 그들을 기억해야 하는 이유를 현재 우리는 알고 있는지 궁금하다.

1장 소년, 책쾌가 되다

1) 박종화, 「월탄 회고록」, 『한국일보』, 1973년 1월 13일자; 『역사는 흐르는데 청산은 말이 없네』, 삼경출판사, 1979년, 382~383쪽.

2) 조수삼, 「죽서조생전」, 『추재집秋齋集』 권8; 『여항문학총서閭巷文學叢書』 3, 여강출판사, 1991년, 691~694쪽.

3) 조희룡, 「조신선전」, 『호산외기壺山外記』; 『여항문학총서』 9, 여강출판사, 1991년.

4) 서유영, 『금계필담』, 국립중앙도서관 소장 필사본.

5) 장지연, 「조생」, 『일사유사逸士遺事』, 회동서관, 1922년.

6) 강효석 편, 김성언 역주, 『대동기문』 하, 국학자료원, 2001년, 557~558쪽.

7) 정약용, 「조신선전」, 『국역 다산 시문집』 7, 민족문화추진회, 1985년, 279~280쪽. "曹神仙者, 賣書之牙儈也…… 凡九流百家之書, 其門目義例, 無不領略, 纚纚譚論, 如博雅君子, 而性多慾, 凡孤兒寡妻之家所藏書帙, 輒以輕買取之, 及其賣之也, 倍售焉, 故賣書者多短之."

8) 장지연, 「조생」, 『일사유사』, 회동서관, 1922년, 146~147쪽. "曹生者는 不知何許人이니 以鬻書로 自業ㅎ야 日出而走於市, 走於巷, 走於痒塾, 走於官府ㅎ야 上自搢紳大夫下至學童輿儓히 無不走見之호디 而其走如飛ㅎ며 其懷袖充然者는 皆書籍也라."

9) 서유영, 김종권 교주, 송정민 외 역, 『금계필담』, 명문당, 2001년, 182

쪽. "······嘗以册僧行於世,『綱目』一帙, 每收藏於身, 或有求見者, 輒自身邊, 連續出置於座, 積滿房中······."

10) 조수삼, 「죽서조생전」, 『추재집』 권8.: 『여항문학총서』 3, 여강출판사, 1991년, 693쪽. "經豌子日, 始余七八歲時, 頗解屬文. 先君子, 嘗一日拉生至, 買八家文一部賜之日, 此鬻書曹生, 而家藏書, 皆從生來者."

11) 유만주, 『흠영』 18책, 1784년 11월 9일조; 『흠영』 5, 규장각, 392쪽. "册曹至議易 『通鑑輯覽』·『漢魏叢書』. 告 『明史』 終無善本, 而 『瓊山史綱』 亦難得云. 聞 『鄭氏全史』 爲春坊新儲, 『金氏全書』 爲徐閣曾有, 咸直四萬餘云. 另求 『浙江書目』, 出示合綱, 俾以覈 讐照見字樣越大, 如思政殿刻本. 仍求如此板本, 毋論經史子記小說, 無拘一册十册百册, 止管得來, 日: '是甚難, 第當另圖之.' 稱有宋板經書大本, 問可易未第令取示."

12) 유만주, 『흠영』 19책, 1785년 6월 2일조; 『흠영』 5, 규장각, 513쪽. "册曹以 『松雪學士全集』 留去. 及晏册曹復至, 以 『從古三花二十玄』 易之."

13) 유재건, 실시학사 고전문학연구회 역주, 『이향견문록里鄕見聞錄』, 민음사, 1997년, 468~469쪽. "故見者, 無貴賤賢愚, 皆能知生之爲生也."

14) 장지연, 「조생」, 『일사유사』, 회동서관, 1922년, 147쪽. "혹자가 '책을 팔아 무엇을 하느냐'고 물으면 대답하기를 '책을 팔아 술을 산다'고 한다(或이 問賣 書何自苦爲오. 答日, 賣書以買醉耳라)."

15) 장지연, 「조생」, 『일사유사』, 회동서관, 1922년, 146~147쪽.

16) 조수삼, 「죽서조생전」, 『추재집』 권8과 『여항문학총서』3, 여강출판사, 1991년, 693쪽.

17) 조희룡, 「조신선전」, 『호산외기』. "曹神仙, 不知何許人也. 常往來洛下, 以鬻書自業."

18) 『승정원일기』 73, 국사편찬위원회, 1970년, 731쪽. 1771년 5월 27일(丁卯)조. "此書流布外方, 焉可無也, 申飭諸道兩都, 皆令內其書告官. 此後若有隱匿者, 當以逆律重繩, 一躰嚴飭."

19) 정진숙, 「출판의 긴 40년」, 『중앙일보』 1985년 4월 24일자. "빨간딱지책은 장돌뱅이 商人을 통해 전국의 定期市(五日場, 또는 七日場)에 배본되어 農漁村 독자들 손으로 흘러들어갔다."; 김동욱, 「한상윤 노인韓相允老人」, 『도서圖書』 제5호, 을유문화사, 1963년, 90쪽. "數十年 全國各地를 돌아다니며 風流客과 같은 淡淡한 心境으로 書籍을 蒐集하고 돌아다니는 분도 있다."; 이정구, 「책방세시기」, 『신동아』, 1968년 5월호, 252쪽. "글방마다 드나드는 冊居間이 있어서 책을 팔았으며, 村에서는 장날마다 으레건 冊行商이 開市를 하여 『千字文』·『童蒙先習』·『孝經』 같은 초보적인 책을 販賣하였지만 그 代價는 쌀값보다 더 비쌌었다" 등.

20) 이와 관련해 이중연은 『고서점의 문화사』(혜안, 2007년, 47~49쪽)에서 책쾌를 '전문가형'과 '지식인형'으로 나눈 바 있는데, 여기서는 '겸업형'을 하나 더 설정했다.

21) 이민희, 『16~19세기 서적 중개상과 소설·서적 유통관계 연구』, 역락, 2007년, 95~96쪽.

22) 『영조실록』 28년 4월 18일조; 4월 19일조; 4월 21일조.

23) 유재건, 실사학사고전문학연구회 역, 『이향견문록』 권3, 글항아리,
2008년, 232쪽.

24) 종로 야시장에 '고본매상배古本賣商輩', 곧 책쾌들이 모여들어 흔치
않은 고서들을 찾아다니는 일이 1930년대 중반까지도 존재한 사실을
확인할 수 있다. 「서적 시장조사기書籍市場調査記」, 『삼천리三千里』
10월호, 1935년, 136쪽.

2장 망국의 책쾌로 살다

1) 이건창, 「혜강 최공전惠岡崔公傳」, 『명미당산고明美堂散稿』 제10권;
『증보 명남루총서』 1, 동아시아학술원대동문화연구원, 2002년. "聞有
好書, 不吝厚價, 購之閱. 旣久, 則輕價鬻之. 以是, 國中書儈爭來
求售. 燕都坊局新刊之書, 甫東來, 未有不爲惠岡所閱."

2) 이민희, 「춘향전 새 이본 〈옥중향獄中香〉 개관」, 『민족문학사연구』 제
38호, 민족문학사연구소, 2008년, 536~565쪽.

3) 가토 가즈오 외, 최석두 역, 『일본의 식민지 도서관』, 한울아카데미,
2009년, 205쪽.

4) 이의철李宜哲이 쓴 『수서잡지修書雜志』 제8권(국립중앙도서관 소장 필
사본)에 「인사사璘史事」란 글이 실려 있는데, 여기에 명기집략 사건의
전말이 기록되어 있다.

5) 유재건, 실사학사 고전문학연구회 역주, 『이향견문록』 권10, 민음사,
1997년, 469쪽. "그 책을 불태우고 책을 파는 자를 죽였다. 이때, 나라
안의 책장수가 모두 죽게 되었다(火其書, 戮賣書者. 於是, 國中鬻書者
擧就誅)."

6) 『승정원일기』 73, 국사편찬위원회, 1970년, 730쪽. 1771년 5월 27일 [丁卯]조. "冊儈一種, 捕廳譏禁, 隨即嚴棍, 付諸該曹, 充定水軍事 嚴勅."

7) 예를 들어 "夕冊儈示, 『水滸外書』[二冊], 及小說五種, 曰: 『杏』· 『豆』·『一片』·『快』·『嘯』."(유만주, 『흠영』 18, 1784년 12월 6일조)라고 적어놓은 부분에서 확인할 수 있다. 유만주가 『흠영』에서 언급한 중국 소설은 약 45권이며(정선희, 「18세기 조선 문인들의 중국소설 독서 실태와 독서 담론 연구」, 『17·18세기 조선의 외국서적 수용과 독서문화』, 혜안, 2006 년, 71쪽 참조) 국내 소설은 여덟 종이다. 구체적 소설 목록은 최자경의 논문 「유만주의 소설관 연구」(연세대학교 석사학위논문, 2000년)를 참고 할 것.

3장 책쾌가 지킨 전통 문화유산

1) 안동민속박물관 편, 『安東의 名賢堂號』 학술총서 제7집, 안동민속박 물관, 2000년.

2) 한상윤에 관해서는 김동욱이 쓴 「한상윤 노인」(『도서』 제5호, 을유문화 사, 1963년, 90~94쪽)에서 비교적 자세히 소개했다.

3) 이겸로, 『통문관通文館 책방비화冊房秘話』, 민학회, 1987년, 58쪽.

4) 大木 康, 『明末江南の出版文化』, 東京: 硏文出版, 2004년, 89~90 쪽. 여기서 중국 사회를 식자층과 비식자층으로 나누고, 식자층에 해 당하는 상층과 중간층, 여성의 측면에서 서책의 수요에 대한 논의를 폈다.

5) 『中文大辭典』 4, 中華學術院, 1973년, 1459쪽. "買賣書籍之居間

人也. 京師有書僧孫盈者, 名甚著. 盈父曰仲容, 亦鑒善畫精於品目, 豪家所寶, 多經其手."

6) 서쾌에 대한 별칭으로는 '서상書商', '서고書賈', '서고書估', '서우書友', '서객書客', '서장書駔', '서용書傭', '서선書船' 등이 사용되었다. 袁逸·肖東發, 「中國古代書商與藏書家(一)」, 『出版發行研究』 1999년 第1期, 56쪽 참고. 『사고전서四庫全書』를 검색해보면, 약 열 군데에서 용례를 찾을 수 있는데, 여기에서도 서쾌는 출판업과 유통업을 포함한 넓은 의미의 서적상을 지칭했다.

7) 오오타니 모리시게, 「朝鮮後期의 貰册 再論」, 이윤석·오오타니 모리시게·정명기 편저, 『貰册 古小說 研究』, 34쪽(혜안, 2003년)에서 재인용.

8) 벤저민 엘먼, 양휘웅 역, 『성리학에서 고증학으로』, 예문서원, 2004년, 312~319쪽.

9) '서선'에 관해서는 井上進, 『中國出版文化史：書物世界と知の風景』, 名古屋：名古屋大學出版會, 2002년, 234~236쪽을 참고할 것.

10) 井上進, 『中國出版文化史：書物世界と知の風景』, 名古屋：名古屋大學出版會, 2002년, 236쪽에서 재인용.

11) 孫樓, 「博雅堂藏書目錄序」, 『刻孫百川先生文集』 一. "嗜彌堅, 謂癖也. 宜間米家船來, 余先衆以往, 推蓬姿搜, 賈亦苦之成."

12) 鄭元慶, 「沈節甫 玩易樓藏書目錄自序」, 『吳興藏書錄』. "余性迂拙, 無他嗜好, 獨甚愛書, 每遇貨書者, 惟恐不余售旣售且去, 惟恐其不復來也. 願力不足不能多致, 又不能得善本, 往往取其直之廉者而已."

13) 大木　康, 『明末江南の出版文化』, 東京：研文出版, 2004년, 91~92쪽에서 재인용. "末槧本を持ってやってくるものがあれば, 門内の主人はページ数によって金をう. 毎ページごとに二百を出す. 旧鈔本を持ってやってくるものがあれば, 毎ページごとに四十を出す. 時下の善本を持ってやってくるものがあれば, よその家で一千を出すなら, 主人は一千二百を出す."

14) 范鳳書, 『中國私家藏書史』, 大象出版社, 2001년, 248쪽.

15) 무직武職 최고의 관직으로 청나라 때에는 중요한 성에 제독을 분설分設하고 모든 성省의 수륙水陸 각 군을 총괄하도록 했다. 이 밖에 청대에는 별도로 제독학정提督學政, 제독회동사역관提督會同四譯官 등의 이름이 있었는데, 서반은 제독부에 속한 통역관의 일원이었다.

16) 현縣의 우두머리. 이 명칭은 당 대唐代에서 비롯된 것으로 보인다. 송나라 태종太宗은 무능한 현령이 많다는 말을 듣고 조관朝官, 경관京官 등을 파견해 현을 제대로 다스리도록 관장하게 했는데, 이들을 지현사知縣事라 했다. 이것이 명·청 대에 이르러 관직명으로 사용되었다.

17) 이의현, 「연행잡지燕行雜識」, 『도곡집陶谷集』 권30, 보경문화사, 1985년, 683쪽.

18) 이압, 『연행기사燕行記事』, 『국역 연행록선집』 VI, 민족문화추진회, 1985년, 128쪽. "序班輩, 以移準相左事, 多日相持, 終始操縱索賂, 無厭譯輩, 屢次折減, 菫以三百停當矣. 序班猶有不滿之心, 欲爲籠絡謂, 以文書入啓之前, 不可改書, 俺等當圖其順下之道, 待其順下, 取去改書爲可云. 譯輩答, 以若如是, 則何用賂物云, 則序班始許改書. 故今日與寫字官, 同往序班所在處, 索出咨文,

序班取出於懷中, 而給之, 頗示持難之色, 亦令密改, 不欲使他人見之. 盖吝文本自禮部翻以淸書入啓, 故便同休紙, 所以揷置於懷也. 如此, 則使之一時改書, 有何不便, 必令秘之, 亦索賂物. 渠輩情狀國之紀綱, 從可知也. 不兪, 則勢將生梗, 不得不給賂三百, 改書數爻, 然事之痛駭極矣."

19) 이항복, '기문기문記聞', 「조천록朝天錄」 하, 『백사집 별집白沙集別集』 권 5. "燕京有賣書人王姓者, 每朝鮮使臣到館, 必出入賣書."

20) 박문열, 「'유리창서사기琉璃廠書肆記'에 관한 연구」, 『국제문화연구』 제14집, 청주대학교국제문제연구원, 1997년, 183~208쪽. 이 논문에는 이문조가 쓴 「유리창서사기」의 원문과 번역문, 간략한 서지사항 등이 소개되어 있어 참고할 만하다.

21) 등총린 저, 박희영 역, 『추사 김정희 또 다른 얼굴』, 아카데미하우스, 1994년, 37쪽.

22) 명나라 말기에 중국의 강남 지역에서 출판업과 서적 유통이 활발해질 수 있었던 이유는 첫째, 인쇄술의 발달, 둘째, 원자재의 대량 공급과 수준 높은 각공刻工, 셋째, 폭발적인 책의 수요, 넷째, 저가의 책값 등이었다(大木 康, 『明末江南の出版文化』, 東京 : 硏文出版, 2004년, 65~128쪽). 필자는 여기에다 '서적 중개상에 의한 서적 유통의 발달'을 추가해야 한다고 본다.

23) Kai-Wing Chow, *Publishing, Culture, and Power in Early Modern China*, Stanford : Stanford University Press, 2004, p.79.

24) 에조시는 에도 시대에 여자나 어린이들이 쉽게 읽을 수 있도록 삽화를 많이 넣어 만든 이야기책이다. 표지 색깔이나 제본 방법에 따라 아

카혼[赤本]·구로혼[黑本]·아오혼[靑本]·기보시[黃表紙]으로 구분되
는데, 구사조시[草雙紙]나 고칸[合卷] 등을 일컫는다.

25) 長友千代治, 『近世貸本屋の硏究』, 東京 : 東京堂出版, 1982년,
99~100쪽.

4장 조선의 마지막 책쾌로 남다

1) 김약슬, 「송신용 노인」, 『도서』 제9호, 을유문화사, 1965년, 53쪽.

2) 김약슬, 위의 책, 55~56쪽.

3) 홍순혁, 「新刊評 '朝鮮古今笑叢'」, 『향토』 제8권, 정음사, 1948년 3
월 15일, 15쪽.

4) 사마천, 남만성 역, 「화식열전貨殖列傳」, 『사기열전』 하, 을유문화사,
1983년, 828쪽. "행상行商은 남자로서는 비천卑賤한 행위다. 그러나
옹낙성雍樂成은 이것으로써 넉넉하여졌다. (중략) 이로 말미암아 본다
면, 부유해지는 것이 일정한 업業이 있는 것이 아닌즉, 재물도 일정한
주인이 있는 것이 아니다. 유능한 자에게는 몰려들고, 무능한 자에게
는 무너져버린다. 천금千金의 집은 한 나라[一都]의 군君에 비할 수 있
고, 거만巨萬이 있는 자는 곧 왕자王者와 즐거움을 같이한다."

1. 자료

『강도몽유록江都夢遊錄』, 국립중앙도서관 소장본.

강효석 편, 김성언 역주, 『대동기문大東奇聞』하, 국학자료원, 2001.

「교수잡사攪睡襍史」, 『파수록破睡錄』, 서강대학교 도서관 소장본.

김사엽, 「한양가」, 『실력 국문해석법』, 대양출판사, 1954.

김안국, 『모재집慕齋集』권2.

김약슬, 「송신용 노인宋申用老人」, 『도서圖書』제9호, 을유문화사, 1965.

김씨부인, 『병인양난록丙寅洋亂錄』, 1866 ; 이주홍, 『뒷골목의 낙서落書』,
　　　을유문화사, 1966.

김흔, 「시詩」, 『안락당집顔樂堂集』권1.

「녀용국평난긔」, 『금강유산기金剛遊山記』, 최승범 소장본.

「배시황전」, 국립중앙도서관 소장본.

『불설대보부모은중경佛說大報父母恩重經』, 용주사, 1796, 연세대학교
　　　귀중본실 소장본.

사마천, 남만성 역, 「화식열전貨殖列傳」, 『사기 열전』하, 을유문화사,
　　　1983.

서유영, 김종권 교주, 송정민 외 역, 『금계필담錦溪筆談』, 명문당, 2001.

「서적 시장조사기書籍市場調査記」, 『삼천리三千里』 10월호, 1935.

〈서쾌書儈〉, 『중문대사전中文大辭典』4, 중화학술원中華學術院, 1973.

송신용, 「부상인사負商人事」, 『향토』6권, 정음사, 1947.

_____, 「오입쟁이 격식」, 『향토』 6권, 정음사, 1947.

_____, 「약국인원정藥局人原情」, 『한글』 13권 6호, 조선어학회, 1949.

_____, 「점인실부소지店人失婦所志」, 『한글』 13권 4호, 조선어학회, 1949.

_____, 「오주誤註의 전재轉載」, 『국어국문학』 20집, 국어국문학회, 1959.

_____, 「여용국전女容國傳」, 『향토』 8권, 정음사, 1948.

_____, 「조충의전趙忠毅傳」, 『한글』 13권 5호, 한글학회, 1949.

송헌빈, 『동경일기東京日記』, 서울대학교 고문헌실 소장본.

송헌석, 『병인양요丙寅洋擾』, 덕흥서림, 1928, 서울대학교·우석대학교 도서관 소장.

_____, 「옥중향獄中香」, 『전매통보』 3년 1월호, 조선전매협회, 1927.

『승정원일기』 73, 1771년 5월 27일조.

유만주, 『흠영欽英』 18책, 1784년 11월 9일조; 1784년 12월 6일조; 『흠영』 19책, 1785년 6월 2일조.

유본예, 『한경지략漢京識略』 1책. 서울대학교 규장각 소장본.

유재건, 실시학사 고전문학연구회 역주, 『이향견문록里鄉見聞錄』, 민음사, 1997.

이건창, 「혜강惠岡 최공전崔公傳」, 『명미당산고明美堂散稿』 권10; 『증보 명남루총서』 1, 성균관대학교 동아시아학술원 대동문화연구원, 2002.

이병기, 정병욱·최승범 편, 『가람일기』 Ⅰ·Ⅱ, 신구문화사, 1976.

이압, 『연행기사燕行記事』, 『국역 연행록선집』 Ⅵ, 민족문화추진회,

1985.

이의철, 「인사사人史事」, 『수서잡지修書雜志』 권8. 국립중앙도서관 소장
　　　필사본.

이의현, 「연행잡지燕行雜識」, 『도곡집陶谷集』 권30, 보경문화사, 1985.

이항복, 〈기문記聞〉, 「조천록朝天錄(하)」, 『백사집白沙集 별집別集』 권5.

장지연, 「조생」, 『일사유사逸士遺事』, 회동서관, 1922.

장한종, 송신용 교열, 『어수록禦睡錄』(조선고금소총 제1배본), 정음사,
　　　1947.

정약용, 「조신선전」, 『국역 다산 시문집』 7, 민족문화추진회, 1985.

정진숙, 「출판의 긴 40년」, 『중앙일보』 1985년 4월 24일자.

조수삼, 「죽서조생전」, 『추재집秋齋集』 권8; 『여항문학총서閭巷文學叢
　　　書』 3, 여강출판사, 1991.

조희룡, 「조신선전」, 『호산외기壺山外記』; 『여항문학총서』 9, 여강출판
　　　사, 1991.

「出版警察槪況-不許可 差押 및 削除 出版物目錄」, 『조선출판경찰월보』
　　　제10호, 1929. 6. 3.

「피생명몽록皮生冥夢錄」, 국립중앙도서관 소장본.

한산거사, 송신용 교주, 『한양가漢陽歌』(정음문고), 정음사, 1949.

孫樓, 「博雅堂藏書目錄序」, 『刻孫百川先生文集』 一.

鄭元慶, 「沈節甫 玩易樓藏書目錄自序」, 『吳興藏書錄』.

2. 논저

김동욱, 「한상윤 노인」, 『도서』 5호, 을유문화사, 1963.

김약슬, 「송신용 노인宋申用老人」, 『도서』 9호, 을유문화사, 1965.

김준형, 「필사본 《기문奇聞》·《교수잡사攪睡雜史》의 발견과 그 의미」, 『열상고전연구』 23집, 열상고전연구회, 2006.

오오타니 모리시게, 「조선후기朝鮮後期의 세책貰冊 재론再論」, 이윤석·오오타니 모리시게·정명기 편저, 『세책 고소설 연구貰冊古小說研究』, 혜안, 2003.

동덕 100년사 편찬위원회, 『동덕 100년사』, 동덕여자대학교 박물관, 2008.

박문열, 「〈유리창서사기琉璃廠書肆記〉에 관한 연구」, 『국제문화연구』 14집, 청주대학교 국제문제연구원, 1997.

박종화, 「월탄 회고록」, 『한국일보』 1973년 1월 13일자; 『역사는 흐르는데 청산은 말이 없네』, 삼경출판사, 1979년.

벤저민 엘먼, 양휘웅 역, 『성리학에서 고증학으로』, 예문서원, 2004.

송재오, 「조선서지朝鮮書誌와 서물동호회書物同好會」, 『도협월보』 9월호, 한국도서관협회, 1960.

안동민속박물관 편, 『안동安東의 명현당호名賢堂號』, 안동민속박물관, 2000.

양주동, 「불가설不可洩의 진본珍本」, 『조광』 2권 2호, 1936.

이겸로, 『통문관通文館 책방비화冊房秘話』, 민학회, 1987.

이민희, 『16~19세기 서적 중개상과 소설·서적 유통관계 연구』, 역락, 2007.

_____, 『마지막 서적중개상 송신용 연구』, 보고사, 2009.

이중연, 『고서점의 문화사』, 혜안, 2007.

정병설, 「기생집에서 노는 법: 외입장이 격식」, 『문헌과 해석』 통권 18호, 문헌과해석사, 2002.

정선희, 「18세기 조선 문인들의 중국소설 독서 실태와 독서 담론 연구」, 『17·18세기 조선의 외국서적 수용과 독서문화』, 혜안, 2006.

최자경, 『유만주의 소설관 연구』, 연세대학교 석사학위논문, 2000.

한글학회 편, 「한글학회의 피란기」, 『한글학회 50년사』, 한글학회, 1971.

홍순혁, 「신간평新刊評〈조선고금소총朝鮮古今笑叢〉」, 『향토』 8권, 정음사, 1948.

휘문 100년사 편찬위원회 편, 『휘문 100년사』, 휘문중고등학교, 2006.

가토 가즈오·가와타 이코이·도조 후미노리, 최석두 역, 『일본의 식민지 도서관』, 한울아카데미, 2009.

등총린, 박희영 역, 『추사 김정희 또 다른 얼굴』, 아카데미하우스, 1994.

大木 康, 『明末江南の出版文化』, 東京硏文出版, 2004.

范鳳書, 『中國私家藏書史』, 大象出版社, 2001.

井上進, 『中國出版文化史：書物世界と知の風景』, 名古屋：名古屋大學出版會, 2002.

長友千代治, 『近世貸本屋の硏究』, 東京：東京堂出版, 1982.

Kai-Wing Chow, *Publishing, Culture, and Power in Early Modern China*, Stanford: Stanford University Press, 2004.

1884년(출생) 부친 송헌교와 모친 청풍 김씨 사이에서 셋째 아들로 태어
남(9월 11일).

1892년(8세) 모친 청풍 김씨 별세(8월 19일).

1904년(20세) 부친 송헌교 별세(12월 16일). 백부 송헌빈의 보살핌을 받음.

1906년(22세) 휘문의숙 입학(9월 1일).

1910년(26세) 휘문의숙 1회 졸업(3월 31일).

1919년(35세) 3·1운동 직후 최남선의 소개장을 가지고 상해의 대한민국
임시정부를 찾아갔으나 뜻을 이루지 못함. 몽골로 가 3년간 체류.

1922년(38세) 백부 송헌빈이 위독하다는 소식을 듣고 몽골에서 급히 귀
국해 송헌빈의 본가가 있는 양평군 옥천면 신복리에서 거주.

1923년(39세) 백부 송헌빈 별세(10월 14일). 그 후 얼마 동안 신복리에서
거주.

1927년(44세) 서울에서 박영희(1902년생)와 혼인.

1928년(45세) 장녀 송명희 태어남(2011년 현재 생존).

1930년(47세) 차녀 송만협 태어남(2011년 현재 생존).

1933년(49세) 장남 송석성 태어남(한국전쟁 당시 국군 입대. 화랑무공훈장 수
상. 2004년 별세).

1936년(52세) 현 규장각 소장본 『한경지략』 필사, 저자 고증(10월 21일).

1938년(54세) 차남 송석항 태어남(2011년 현재 생존).

1939년(55세) 서울시 서대문구 관동정 163통 108호 거주. 현 국립중앙도

서관 소장 『강도몽유록』 필사.

1940년(56세) 삼남 송석경 태어남(2011년 현재 생존). 현 국립중앙도서관 소장 「피생명몽록」 필사.

1945년(61세) 해방. 서울시 서대문구 아현동으로 이사.

1946년(62세) 차녀 송방실 태어남(2011년 현재 생존).

1947년(63세) 『향토』에 「여용국전」·「오입쟁이 격식」·「부상인사」 등 자료 소개. 『어수록』·「어면순」·「촌담해이」 등의 내용을 엮고 교열한 『조선고금소총』 제1·제2 배본 정음사에서 간행.

1949년(65세) 한글학회에서 발행한 『한글』에 「조충의전」·「점인실부소지」·「약국인원정」 등 기고.

1950년(66세) 한국전쟁 발발.

1951년(67세) 서울시 서대문구 아현동 한옥집이 박격포 포탄에 맞아 전소됨.

1952년(68세) 장녀 송명희와 사위 김영진의 집에 함께 거주.

1955년(71세) 백낙준에게 『불설대보부모은중경』 증정.

1958년(74세) 서울시 성북구 보문동으로 이사.

1962년(78세) 송신용 별세(양력 4월 20일). 서울시 중랑구 망우리 공동묘지에 안장.

1985년 부인 박영희 별세(9월 8일).

틈새 한국사 002
책쾌 송신용

초판 1쇄 인쇄 2011년 4월 11일   초판 1쇄 발행 2011년 4월 15일

지은이 이민희 펴낸이 연준혁

기획 설완식

출판 4분사 편집장 이효선
편집 김남철 디자인 하은혜
제작 이재승 송현주

펴낸곳 (주)위즈덤하우스 출판등록 2000년 5월 23일 제13-1071호
주소 (410-380) 경기도 고양시 일산동구 장항동 846번지 센트럴프라자 6층
전화 031) 936-4000 팩스 031) 903-3891
전자우편 yedam1@wisdomhouse.co.kr 홈페이지 www.wisdomhouse.co.kr
출력 엔터 종이 화인페이퍼 인쇄·제본 영신사

값 9,000원 ⓒ이민희, 2011
ISBN 978-89-93119-28-2 04900
     978-89-93119-26-8(세트)

국립중앙 도서관 출판시도서목록(CIP)

책쾌, 송신용 : 평생을 책과 함께한 마지막 서적 중개상 / 이민희
지음. - 고양 : 위즈덤하우스, 2011
 p. ; cm - (틈새 한국사 ; 002)

참고문헌 수록
ISBN 978-89-93119-28-2 04900 : ₩9000
ISBN 978-89-93119-26-8(세트)

도서(책)[圖書]
중개상[仲介商]

013.33-KDC5
381.45002-DDC21   CIP2011001411